O DEUS DESCONHECIDO

O prazer de desfrutar do amor e do cuidado do Todo-poderoso

HERNANDES DIAS LOPES

© 2023 por Hernandes Dias Lopes

1ª edição: janeiro de 2023

Revisão
Luiz Werneck Maia
Nilda Nunes

Diagramação
Sonia Peticov

Capa
Julio Carvalho

Editor
Aldo Menezes

Coordenador de produção
Mauro Terrengui

Impressão e acabamento
Imprensa da Fé

As opiniões, as interpretações e os conceitos emitidos nesta obra são de responsabilidade do autor e não refletem necessariamente o ponto de vista da Hagnos.

Todos os direitos desta edição reservados à
Editora Hagnos Ltda.
Rua Geraldo Flausino Gomes, 42, conj. 41
CEP 04575-060 — São Paulo, SP
Tel.: (11) 5990-3308

E-mail: hagnos@hagnos.com.br
Home page: www.hagnos.com.br

Dados Internacionais de Catalogação na Publicação (CIP)
Angélica Ilacqua CRB-8/7057

Lopes, Hernandes Dias

    O Deus Desconhecido: o prazer de desfrutar do amor e do cuidado do Todo-poderoso / Hernandes Dias Lopes. São Paulo: Hagnos, 2023.

ISBN 978-85-7742-383-5

1. Deus (Cristianismo) 2. Fé I. Título

22-6972   CDD 231

Índices para catálogo sistemático:
1. Deus (Cristianismo)

DEDICATÓRIA

DEDICO ESTE LIVRO ao querido casal Ernandes Pimentel e Elciene. Eles são amigos, intercessores e encorajadores. São bálsamo de Deus em nossa vida, família e ministério, gente preciosa que vale a pena ter por perto.

SUMÁRIO

Prefácio 7
Introdução 9

1. Os filósofos e Paulo no areópago 17
2. O Deus Desconhecido é o Deus criador 29
3. O Deus Desconhecido é o Deus
   da providência 43
4. O Deus Desconhecido é o Deus que
   se encarnou para ser o nosso Redentor 51
5. O Deus Desconhecido é o Deus que é
   Senhor do universo 63
6. O Deus Desconhecido é o Deus que não
   aceita idolatria 71
7. O Deus Desconhecido é o Deus que exige
   arrependimento 83
8. O Deus Desconhecido é o Deus do juízo 93
9. Reações à mensagem de Paulo em Atenas 101

Conclusão 119
Bibliografia 121

PREFÁCIO

FIQUEI PROFUNDAMENTE lisonjeado com o privilégio de ser convidado pelo autor para prefaciar este livro. Foi com temor e tremor que aceitei. *O Deus Desconhecido* é, com absoluta certeza, um valioso livro que me enriqueceu grandemente. São páginas que mudarão de forma completa e decisiva a vida de todos os que se dispuserem a lê-las e vivenciá-las.

Hernandes é, sem sombra de dúvida, um profeta de Deus, levantado como boca de Deus, como porta-voz de Deus, para mexer com os corações acomodados e acomodar os incomodados. Ele tem experimentado, em nossos dias, uma visitação do Espírito que o faz um dos gigantes na fé e no ministério. Como pregador e escritor tem proferido sempre palavras ungidas e proféticas, que movem vidas a uma decisão por Cristo e os cristãos a um novo compromisso de vida séria com Deus em todas as direções.

Esta obra veio num momento muito especial e oportuno, pois o vento do Espírito está soprando de forma clara e preciosa em todas as partes do Brasil e do mundo. Com certeza, este livro é mais uma brasa no braseiro, mais combustível que fará com que as labaredas sejam cada vez maiores, mais quentes, queimando toda a vã filosofia, a idolatria, a incredulidade, o orgulho e as tentativas de riscar da história a existência de Deus. Afirmo que os resultados da leitura deste livro não podem ser avaliados e mensurados, nem têm fronteiras, porque vidas serão tocadas, impactadas e transformadas e apresentar-se-ão no altar do Senhor para receberem nova vida em Cristo Jesus.

Sem dúvida, esta mensagem fala de modo novo ao coração, pois foi produzida na unção do Espírito e haverá de ser instrumento para salvação de inúmeras vidas e edificação do povo de Deus em nosso país.

CENY TAVARES
Toronto – Canadá

INTRODUÇÃO

PAULO ACABA DE CHEGAR a Atenas, a grande metrópole da intelectualidade, o maior centro universitário do mundo, o berço da filosofia e das artes,[1] a terra dos grandes luminares do saber, que encheram bibliotecas com a sua erudição, a cidade de Péricles e Demóstenes, de Sócrates, Platão e Aristóteles.[2]

Por mais estranho que pareça, é nesta cidade aspergida e bafejada pela mais refinada intelectualidade, adornada pelos mais ilustres pensadores do mundo, que Paulo encontra a mais aguda e crônica ignorância espiritual.[3] É ali, na terra dos corifeus da filosofia, que Paulo se confronta com a mais tosca e repugnante idolatria. Nem sempre a intelectualidade refinada é seguida de uma espiritualidade sadia.

---

[1] CHAMPLIN, Russell Norman. *O Novo Testamento interpretado versículo por*, vol. III, p. 361.

[2] RACHHAM, citado por Champlin, *O Novo Testamento interpretado versículo por versículo*, vol. III, p. 362, se mostra eloquente ao falar sobre Paulo, o judeu de Tarso, que esteve na cidade de Péricles e Demóstenes, de Sócrates, Platão e Aristóteles, de Sófocles e de Eurípides.

[3] MARSHALL, I. Howard. *Atos: introdução e comentário*, p. 266.

O DEUS DESCONHECIDO

Os atenienses eram doutores em filosofia, mas estavam imersos num profundo obscurantismo espiritual. A cidade estava infestada de deuses, assaltada e tomada de ídolos. Paulo viu-se confrontado com uma verdadeira floresta de imagens ao caminhar pelas ruas de Atenas.[4] Plínio asseverou que, ao tempo de Nero, Atenas estava ornamentada por mais de trinta mil estátuas públicas. Petrônio disse que era mais fácil encontrar um deus em Atenas do que um homem.[5] Cada templo, cada portão, cada pórtico, cada edifício tinha as suas divindades protetoras. Xenofonte disse acerca da cidade: "O lugar inteiro é um altar, e a cidade inteira é um sacrifício e uma oferta aos deuses."[6]

Não é diferente a situação hoje. O homem moderno está se tornando um gigante na ciência, amplia de forma colossal os horizontes do seu conhecimento. A cada dia ficamos estupefatos diante dos prodígios estupendos engendrados pela capacidade humana. Vivemos num paraíso tecnológico. O futuro chegou e está presente. A medicina prodigiosamente traz a lume descobertas magníficas. As viagens interplanetárias e a pesquisa do espaço sideral nos deixam boquiabertos. No campo das comunicações, o desenvolvimento supera todas as previsões, mesmo que dos mais otimistas dos futurólogos. Mas, à medida que damos passos tão largos rumo ao progresso científico e tecnológico,

---

[4]MARSHALL, I. Howard. *Atos: introdução e comentário*, p. 266.

[5]BARCLAY, William. *Hechos de los Apostoles*, p. 140. Ver ainda CHAMPLIN, Russell Norman, *O Novo Testamento interpretado versículo por versículo*, vol. III, p. 362.

[6]CHAMPLIN, Russell Norman, *O Novo Testamento interpretado versículo por versículo*, vol. III, p. 362.

INTRODUÇÃO

estamos vivendo um retrocesso moral e um entorpecimento espiritual. Conforme o homem contemporâneo atinge as alturas excelsas do progresso e é bafejado pela luz mais aurifulgente do conhecimento, ele também mergulha a sua alma nas camadas mais abissais da confusão moral e da cegueira espiritual.

Certa feita, Diógenes saiu às ruas de Atenas, em pleno meio-dia, sol a pino, de lanternas acesas nas mãos, procurando atentamente alguma coisa. Alguém, surpreso, interpelou-o: "Diógenes, o que procuras?" Ele respondeu: "Eu procuro um homem."[7] Em Atenas, de fato, era mais fácil encontrar um deus do que um homem. Havia uma multidão de deuses em Atenas. Para cada situação havia um deus. Havia um deus para o fogo e outro para a água. Havia um deus para o amor e outro para a guerra. Havia um deus para o mar e outro para a terra. Para tudo havia uma divindade.

Além disso, esses deuses eram caprichosos, iracundos e vingativos. Se eles não fossem servidos, se não lhes fizessem oferendas e não lhes dedicassem um altar, eles puniam e derramavam sobre os homens sua fúria vingativa. Foi então que os atenienses, com medo de seus muitos deuses, preocupados de se esquecerem de alguns deles, ergueram um altar ao deus desconhecido. Com isso, eles apaziguavam a ira do deus esquecido e negligenciado e esse deus poderia ser, então, adorado nesse referido altar.

---

[7]CHAMPLIN, Russell Norman, *O Novo Testamento interpretado versículo por versículo*, vol. III, p. 363.

É a partir desse altar que Paulo começa a falar sobre o verdadeiro Deus, que os atenienses desconheciam.

A presença de Paulo em Atenas provocou um grande impacto. Em poucos dias, este gigante de Deus revolucionou a cidade. O povo se agita, as multidões na praça não falam de outra coisa senão das últimas novidades que Paulo pregava (Atos 17:17,21).

Essa praça era a célebre ágora, centro de negócios e de atividades cívicas, como também de propaganda e de troca informal de ideias e de novidades. Servia ao mesmo tempo de mercado e de lugar de reunião, onde se congregava o povo para ouvir os oradores.[8]

Sem os meios de comunicação de que dispomos hoje, Paulo, sozinho, sacode a cidade da filosofia e das artes com a mensagem de Jesus. Ele realmente foi um gigante. Onde chegava havia um rebuliço. Sua presença causava impacto. No meio das trevas, ele era luz. No meio da confusão, ele apontava a direção. Onde ele chegava, tornava-se o centro das atenções. Sempre que ele falava, apontava para Jesus. Paulo sempre foi um grande *outdoor* de Deus por onde passou. Ele era o megafone do céu, uma trombeta

---

[8] CHAMPLIN, Russell Norman, *O Novo Testamento interpretado versículo por versículo*, p. 362. A ágora era o principal ponto onde se faziam as transações comerciais. Ali se encontravam os habitantes da cidade, os forasteiros e os enfermos. As crianças também se reuniam no local para seus folguedos. Era o lugar preferido dos ociosos. Nas cidades judaicas, era para a ágora que se dirigiam os fariseus para suas longas orações e fazer suas esmolas a fim de serem vistos pelos homens (Mateus 23:7; Marcos 13:38; Lucas 11:43; 20:46). Ver ainda BONNET, L; SCHROEDER, A. *Comentario del Nuevo Testamento*, vol. 2, p. 576.

INTRODUÇÃO

que anunciava a mensagem da salvação. Era impossível ele passar despercebido. Ele era como uma cidade iluminada no alto de um monte. Hoje, muitas vezes, nossas igrejas, mesmo fincadas nas avenidas mais movimentadas, não são percebidas pela multidão nem causam impacto na cidade. Hoje, tocamos muitas trombetas, mas o sonido é incerto. Gritamos, mas as pessoas não sabem a direção da nossa voz.

Os filósofos o levaram da ágora ao areópago, para discutirem com ele.

Areópago, *areios págos*, literalmente a colina de Ares. Visto ser Ares, o deus da guerra dos gregos, o deus Marte dos romanos, assim é chamado de colina de Marte. Esta colina dava vista para a ágora e ficava defronte ao Pártenon. Havia um concílio que se reunia no areópago. Tinha funções jurídicas importantes. Areópago era o nome do lugar e do conspícuo tribunal que se reunia ali. Este era muito seleto, era formado por trinta membros. Intervinha em casos de homicídio e tinha a supervisão da moral pública. Era o supremo tribunal de Atenas.[9]

Paulo percorre a cidade. Ele é um estrategista. Primeiro sonda o terreno, faz uma investigação acurada da cultura e da religiosidade do povo. Ele sabe que o tempo gasto em amolar o machado não é tempo perdido. Sabe que a pesquisa, que a análise, que a investigação do campo são fundamentais para uma pregação contextualizada, pertinente e eficaz. Paulo não dá respostas sobre o que o povo

---

[9]BARCLAY, William. *Hechos de los Apostoles*, p. 140. Ver também MARSHALL, I. Howard. *Atos: introdução e comentário*, p. 268.

não está perguntando. Sua mensagem atinge o alvo e toca na ferida. Como os puritanos diziam, o sermão de Paulo era "atingidor".

Paulo se mistura com o povo na praça. Ele tem cheiro de gente. Ele não foge das pessoas. Ele não está encastelado numa torre de marfim. Ele não está empoleirado numa cátedra blasonando formulações teológicas na terra dos corifeus da filosofia. Ele não é um teólogo de gabinete. Ele se nivela com o povo e desce para onde o povo está. Mas, também, conversa com os intelectuais, os filósofos epicureus e estoicos. Ele cita os pensadores e poetas gregos.[10] Paulo era um missionário de cultura enciclopédica. Não era um homem alienado, guetificado. Por isso, diante do supremo tribunal dos gregos, eleva a sua voz e profere um dos mais extraordinários discursos registrados em toda a literatura universal. Esse sermão é uma das peças mais lindas da oratória sagrada de todos os tempos. Revela a profundidade e a sensibilidade desse bandeirante do cristianismo. Traduz sua capacidade de confrontar as falsas crenças com firmeza e elegância. Mostra a sua coragem de colocar o machado da Palavra de Deus na raiz dos principais postulados filosóficos e religiosos do seu tempo. Evidencia sua argumentação profunda e irrefutável, deitando

---

[10]Paulo cita os poetas gregos Arato e Cleantes. Arato viveu por volta do ano 300 a. C. e era um poeta da província da Cilícia, onde Paulo nascera. A citação de Paulo foi extraída do seu poema didático *Fenômenos*. Cleantes foi um filósofo estoico grego (300-220 a. C.). Paulo extraiu a sua citação do seu poema *Hino a Zeus*. CHAMPLIN, Russell Norman. *O Novo Testamento interpretado versículo por versículo*, p. 377. Ver ainda, MARSHALL, I. Howard, *Atos*, p. 272.

INTRODUÇÃO

por terra os alicerces filosóficos dos intelectuais do seu tempo. Paulo demonstra que ser cristão não é sofrer de um complexo de inferioridade intelectual. Ele não foge do confronto, ele triunfa sobre os filósofos de Atenas e finca a bandeira do cristianismo no topo da cidade mais elitizada do mundo.

Capítulo um

OS FILÓSOFOS E PAULO NO AREÓPAGO

O EPICURISMO, ESCOLA FILOSÓFICA FUNDADA POR EPICURO (341-270 A.C.)

William Barclay resume assim as crenças dos epicureus:

a. tudo acontecia por casualidade;
b. criam que a morte era o fim de tudo;
c. criam na existência dos deuses, mas estes estavam muito longe do mundo e não se preocupavam com ele;
d. criam que o principal fim do homem era o prazer.[1]

Os epicuristas faziam da vida uma corrida frenética atrás do prazer. Para eles não havia futuro, não havia escatologia. A vida é só o aqui e o agora. É só o prazer do hoje. O lema deles era: "... comamos e bebamos, porque amanhã morreremos" (1Coríntios 15:32). Eles só olhavam para a satisfação de seus desejos imediatos, não pensavam no destino de suas almas, não pensavam na eternidade. Eles não criam na eternidade nem na criação. Não criam na verdade primeira, por isso não criam no juízo final, na verdade última. Eles não pensavam numa prestação de contas a Deus. Eles só se interessavam pelo prazer, só se preocupavam com o corpo e com a satisfação de seus desejos imediatos.

---

[1]BARCLAY, William, *Hechos de los Apostoles*, p. 140.

Hoje há muitos epicureus modernos. Há muitos hedonistas que só buscam o prazer. Para eles não existe o certo e o errado. Não existem absolutos. Tudo é relativo. Dizem: "Você não pode pôr limites nem freios a seus desejos. Você não pode se reprimir. Você não pode se conter. Você precisa extravasar, atender aos ditames imperativos de seus impulsos carnais, pois o sentido da vida é o prazer".

Os epicureus modernos estão dispostos a rasgar todos os códigos da decência e rejeitar todos os mandamentos da ortopraxia. Marta Suplicy, ilustre militante da política brasileira, no seu livro *Conversando sobre sexo*, afirma que o problema não é sexo antes do casamento, mas o sentimento de culpa. Acabe com a culpa e tudo ficará bem. Essa é a posição de uma sociedade que não leva em conta os valores absolutos da Palavra de Deus. Sigmund Freud, o pai da psicanálise, dizia que a doença do homem é provocada pela repressão. Os impulsos sexuais, por exemplo, dizia ele, não podem ser reprimidos. Se a sua tese estivesse certa, nossa sociedade seria campeã de saúde emocional. Nunca houve uma sociedade tão permissiva. Hoje o lema é: "É proibido proibir". Há uma grande confusão sobre o que é certo e o que é errado. Os marcos foram arrancados. As balizas foram removidas. As pessoas perderam o referencial. Estamos no meio de uma grande confusão moral. Os valores éticos estão frouxos.

Robert Johnson, no seu livro *He,*[2] diz que você não precisa ser isto ou aquilo. Você pode ser isto e aquilo. O homem

---

[2] JOHNSON, Robert escreveu uma série: *He, She* e *We*, que foram amplamente divulgados nos Estados Unidos nos idos de 1994.

OS FILÓSOFOS E PAULO NO AREÓPAGO

não precisa ter valores graníticos e absolutos. O homem, na busca pelo prazer, pode levar uma vida dupla e negar todos os valores da decência para oferecer o sacrifício de seu corpo no altar do hedonismo.

Os epicureus modernos capitulam a toda sorte de prazer, seja carnal, seja intelectual, seja pecuniário. Na verdade, o deus prazer é caprichoso e insaciável. Ele seduz seus súditos com coisas agradáveis aos olhos, com diversões fantásticas, com sensações arrebatadoras, põe em suas mãos a taça transbordante das delícias, mas depois lhes faz definhar a alma e lhes dá veneno para beber.

Ah! Hoje vivemos numa sociedade hedonista. Hoje há muitos altares levantados a essa divindade. Há multidões prostradas nesses altares. Não são poucos aqueles que buscam o prazer da vida nas diversões frívolas, no teatro blasfemo, no cinema pornográfico, nas bebidas destruidoras, nas drogas mortais, no sexo desenfreado, no jogo sedutor, nas riquezas, no sucesso, na fama e nas glórias deste mundo.

Vivemos hoje numa sociedade imediatista e descartável. Os homens hoje escarnecem da virtude, zombam dos valores morais graníticos e tripudiam sobre os compromissos duradouros. É por isso que o divórcio está na moda. É por isso que a família está nesta crise medonha. O que importa hoje não é ser fiel. O que interessa é o prazer imediato, é viver no agora, sem pensar no amanhã e sem investir no futuro. A sociedade hedonista não quer saber o que Deus diz. Ela não se importa com a Palavra de Deus. O que conta é se a pessoa se sente bem. A busca não é pelo que é certo, mas pelo que dá certo. O interesse não é pela

O DEUS DESCONHECIDO

verdade, mas pelo que funciona. O propósito não é agradar a Deus, mas sentir prazer.

A sociedade está colhendo hoje os frutos podres dessa semeadura maldita. Milhões de jovens em todo o mundo estão apodrecendo no atoleiro das drogas. Mesmo sob a repressão da lei com todo o rigor da justiça, os cartéis do narcotráfico, vestidos de couraça de ferro, ao arrepio da lei, exercem um poder paralelo e despejam sobre as famílias hodiernas esse veneno infernal das drogas, que tem ceifado tantas vítimas e provocado tantas atrocidades. A promiscuidade sexual atingiu níveis insuportáveis. Os motéis, verdadeiros prostíbulos, crescem como cogumelos às margens das nossas rodovias, e nos subúrbios das nossas cidades, nas barbas das nossas autoridades, sem nenhum grito de inconformação. O namoro está se tornando sinônimo de tirar a roupa e ir para a cama. A virgindade não é mais um patrimônio moral que se preserva para o matrimônio. Ser jovem casto e puro hoje é uma exceção. O aborto deixou de ser uma discussão ética para ser apenas uma decisão da mãe e do médico. As pessoas hoje não estão querendo saber o que é certo. Elas não se interessam pela verdade. Apenas buscam o prazer, a satisfação, ainda que tenham que pisar nas pessoas e escarnecer dos castiços valores morais.

Paulo corrige as ideias equivocadas dos epicureus sobre Deus. Eles pensavam que Deus era um ser distante, indiferente. Paulo os refuta dizendo que Deus criou; ele sustenta a obra da criação; ele dirige a história; ele não está longe (Atos 17:24-27). Paulo também confronta os epicureus quanto ao seu modo desenfreado de viver, dizendo que eles precisavam se arrepender, porque jamais escapariam do juízo de Deus (Atos 17:30,31).

O ESTOICISMO, ESCOLA FILOSÓFICA FUNDADA POR ZENÃO (340-265 A.C.)

A escola tomou esse nome pelo fato de Zenão frequentemente ensinar na *stoá poikíle* (pórtico pintado) em Atenas. Os estoicos:

a. **Eram materialistas**. Para eles o espírito era apenas matéria refinada.

b. **Eram panteístas**. Criam que tudo era literalmente deus. Deus era a alma do mundo. Cada ser humano é uma fagulha de Deus.

c. **Eram fatalistas**. O ideal do estoico era viver conforme a natureza e alcançar uma tal autossuficiência que lhe permitisse viver acima das circunstâncias.

d. **Eram apáticos ao sofrimento humano**. Adotavam a ataraxia. Rejeitavam a compaixão. Traíam o sentimento de fraternidade. Recusavam-se a se identificar com o sofredor. Eram egocêntricos. Criam que a maior virtude consistia em ser indiferente à dor e ao prazer.

e. **Criam na visão cíclica da história**. Não criam que a história caminha para um fim, para um *télos*, no qual Deus vai restaurar todas as coisas. Não conheciam a visão de um Deus soberano que é dono de tudo e dirige a História.[3]

---

[3]BARCLAY, William, *Hechos de los Apostoles*, p. 140.

O DEUS DESCONHECIDO

Paulo confronta também esses paladinos do fatalismo. Eles criam no destino cego, implacável e inevitável. Eles achavam que a vida estava encurralada por forças implacáveis e inflexíveis e que nada nem ninguém podia mudar o curso das coisas. Para os estoicos, a única alternativa do homem era se curvar impotente diante do destino irreversível.

Na filosofia estoica não há esperança. Não há sonho de mudança. Tudo o que acontece é destino cego. Não há o que fazer. Tudo o que resta ao homem é conformar-se com a situação. Não adianta lutar. Não adianta clamar. Não adianta sofrer. O estoicismo é fatalista. Não há para onde correr ou fugir. Todos estão entrincheirados por um destino cego. Não há luz no fim do túnel. Não há uma janela de escape. Não há porta de saída. Esta visão da vida mata a esperança, anula os sonhos e põe um ponto final na busca do novo. Esta visão gesta o desespero e dá à luz o conformismo. Mata o inédito, aborta as possibilidades de mudar de vida e joga seus adeptos no poço escuro da desesperança.

Hoje existem muitos estoicos existenciais. Há muita gente que já capitulou diante dos infortúnios da vida. Gente que já aceitou a decretação da desgraça na vida. Gente que já perdeu o ânimo de lutar. Gente que acha que não há mais jeito para a sua vida, para o seu casamento e para a sua família. Gente que vive gemendo debaixo da canga pesada da opressão, gente que vive esmagada debaixo das botas lamacentas da infelicidade e já se conformou, já perdeu a esperança. Gente que diz o que chama de "síndrome de Gabriela" (uma referência a uma música de Dorival Caymmi, "Modinha para Gabriela):

Eu nasci assim, eu cresci assim
Eu sou mesmo assim
Vou ser sempre assim
Gabriela, sempre Gabriela.

E há quem acrescente "Vou morrer assim...".

Essa filosofia de vida tem levado muitas pessoas a um conformismo doentio. Há dezoito anos tenho dedicado tempo ao ministério do aconselhamento pastoral. Tenho visto muitas mulheres sepultando seus sonhos de um casamento feliz, anulando-se, encolhendo-se, sendo desprezadas pelos seus maridos, sentindo-se desvalorizadas, vivendo estoicamente. Tenho visto gente sofrida, ferida, machucada pela vida, arrastando fardos pesados sem a esperança de uma solução. Tenho visto maridos traídos pelas esposas, que choram de tristeza sem saber como restaurar a confiança no casamento. Tenho visto filhos abandonados pelos pais, por causa do divórcio, cheios de traumas e com a alma encharcada de decepção e tristeza. Tenho visto pais chorando por ver seus filhos perdidos no cipoal dos vícios degradantes. Tenho visto pessoas vivendo no submundo da homossexualidade, com a alma ferida, com o coração doente, chicoteados pela culpa, sucateados pela aids. Tenho visto pessoas entupidas de ódio, doentes de amargura, alimentando o coração com o veneno da vingança. Tenho visto pessoas que desistiram da vida para flertar com o suicídio e com a morte. Todas essas pessoas parecem viver dentro de um claustro, de uma masmorra, de uma prisão. Não olham para cima. Não sonham mais. Não namoram mais a esperança. Não dão mais as mãos às possibilidades.

O DEUS DESCONHECIDO

Parece que já aceitaram a decretação do fracasso, já se conformaram com o caos. Não reagem mais. Capitularam ao desânimo. Afogaram todas as esperanças nas profundezas do pessimismo incorrigível.

Paulo olha para aquele povo confuso com tantas ideias, discute com seus filósofos e, a despeito de suas crenças, os vê acentuadamente religiosos. Eles eram supersticiosos. Faltava-lhes o conhecimento do Deus verdadeiro. O maior centro cultural do mundo estava dominado pela superstição.

Hoje, também, as universidades estão cheias de misticismo. Hoje a ciência está dando as mãos à religião; não à religião revelada, bíblica, verdadeira, mas à religião mística, esotérica e espiritualista, estranha às Escrituras. Estamos vendo a orientalização do ocidente. Estamos vendo as universidades entupidas de crendices. Nossos shoppings estão se convertendo em feiras livres de espiritismo. Nosso povo corre atrás de horóscopos, crê em gnomos, duendes, bruxas, guias e orixás. A Nova Era está difundindo a crença panteísta dos estoicos e usando como seu principal veículo a educação. Estamos voltando à Grécia antiga.

Você não precisa, todavia, ficar nesse túnel escuro e sem saída. Você não precisa adotar a filosofia da música "Modinha para Gabriela". Muitos dizem que pau que nasce torto não tem jeito: tem de morrer torto. Mas o Carpinteiro de Nazaré conserta até pau torto. Há jeito para a sua vida. Há solução para o seu problema. A solução não está na religião supersticiosa. A solução não está no panteísmo que diviniza o homem e humaniza Deus. A solução não está em negar o sofrimento. A solução está no Deus vivo e verdadeiro. A solução está no Deus desconhecido pelos atenienses. Ele é o Deus que muda as circunstâncias. Ele transforma as pessoas. Ele regenera os corações. Ele liberta os cativos. Ele transforma monstros em santos, vales de ossos secos em exércitos poderosos. Ele traz esperança onde só existe o desespero. Ele sopra o hálito da vida onde só existe o mau cheiro da morte. Ele derrama paz onde só reinava a guerra. Ele põe um cântico de vitória onde só existia um lamento de dor e derrota. Ele dá o atestado da cura onde o veredicto da medicina só apontava para a morte. Ele derrama o óleo da alegria onde só existiam as torrentes do choro. Ele é o Deus que irrompe na história com intervenções soberanas e ninguém pode impedir a sua mão de agir.

Estava, certa feita, no estúdio da TVE na cidade de Vitória, para uma entrevista. Ao meu lado estava um homem simpático, bem trajado, elegante, aguardando para dar também uma entrevista. Fiquei surpreso ao saber quem era aquele ilustre cavalheiro. Estava bem ali na minha frente o ex-assaltante de banco "Paulinho Bang-Bang". O Brasil inteiro ficou chocado com o bárbaro crime ocorrido no dia 31 de outubro de 1989, quando sete assaltantes, fortemente armados, entraram na agência do Banco Itaú, em São Bernardo do Campo, para roubar. Diante do pânico provocado na agência, uma criança começou a chorar desesperadamente no colo da mãe. Um dos assaltantes, irritado, gritou com a mãe para fazer a criança calar-se. Em vão a mãe, também amedrontada, tentou fazer a filha Talita parar de chorar. Num ímpeto de monstruosidade, o assaltante matou a criança e a mãe. Naquele mesmo dia, cinco dos sete assaltantes foram trucidados pela polícia. Dois escaparam. Dentre eles, estava Paulinho Bang-Bang.

O pai de Talita, entrevistado pelo *Jornal Nacional*, diante das câmeras de televisão, após perder a esposa e a filha nesse nefasto crime, disse que perdoava os assassinos de sua esposa e de sua filha, e ainda atenuou-lhes a culpa, dizendo que eles haviam cometido esse bárbaro crime porque não conheciam a Jesus Cristo. Mas não ficou só nisso. Ele enviou um mensageiro à prisão onde estava Paulinho Bang-Bang, para lhe entregar uma Bíblia e também para falar a ele do amor de Deus. Depois que o evangelista terminou a sua mensagem, o endurecido criminoso tomou a decisão de matá-lo. Apanhou um punhal que fabricara na cadeia e veio decidido a enterrá-lo no peito do pregador. Quando, porém, levantou a sua mão contra o mensageiro de Deus, caiu quebrantado, aos prantos, aos pés do evangelista. Sua vida foi radical e profundamente transformada: de monstro a santo, de criminoso a servo de Jesus Cristo. O temido assaltante, hoje, é um pastor evangélico, um homem manso, humilde, convertido, portador das boas-novas de salvação. O Deus que operou maravilhas no passado, que transformou a vida de homens devassos em santos, que fez de facínoras homens cheios do Espírito, é o Deus que Paulo anuncia em Atenas. É sobre este Deus que agora eu vou lhe falar. Quem é este Deus? Quais são os seus atributos? Qual é a medida do seu poder? Será que ele é apenas mais um no panteão politeísta?

Vamos ver a resposta à luz do texto de Atos 17:16-34.

Capítulo dois

O DEUS DESCONHECIDO É O DEUS CRIADOR

OS DEUSES DOS GREGOS eram ídolos, eram deuses feitos pelos homens, inventados por suas mentes e cinzelados pelas mãos de artífices. Mas o Deus que Paulo anuncia é o Deus que fez o mundo e tudo o que nele existe (Atos 17:24).[1] É o Deus que trouxe à existência as coisas que não existiam (Romanos 4:17). É o Deus que do nada tudo criou (Gênesis 1:1). É o Deus que tem vida em si mesmo, que não foi criado, não foi inventado, mas que é a origem, a causa, o sentido e o fim de toda a criação (Romanos 11:36). Este é o Deus todo-poderoso. Ele trouxe à existência este fantástico universo que até hoje deixa os cientistas mais ilustrados perplexos. Ele criou os mundos estelares, as galáxias, os planetas e tudo o que neles há (Neemias 9:6).

Deus criou o imensamente grande e o indescritivelmente pequeno.[2] Ele fez tudo do nada, sem material preexistente.

---

[1] ROBERTSON, citado por CHAMPLIN, Russell Norman, *O Novo Testamento interpretado versículo por versículo*, p. 371, argumenta que quando Paulo falou sobre o Deus desconhecido estava refutando o conceito grego de um deus para cada coisa, como os trinta mil deuses dos atenienses. Também, Paulo estava combatendo o conceito epicurista de que a matéria é eterna. Certamente, o Deus que Paulo anunciava não podia ser confundido com qualquer das numerosas divindades gregas.

[2] RIVALICO, Dominico E. *A criação não é um mito*, p. 5-6.

Foi Ele quem criou os mares piscosos, os rios serpenteantes, os campos engrinaldados e marchetados de flores, os prados farfalhantes, as montanhas alcandoradas. Foi Deus quem bordejou o céu de estrelas luzentes, quem ainda cinzela e emoldura o horizonte a cada manhã e a cada entardecer com quadros de riquíssima beleza. Foi Ele quem criou as aves com o instinto migratório, os peixes com a capacidade de buscar águas calmas para a desova e as abelhas com a perícia da mais distinta engenharia. Foi Deus quem deu entendimento ao joão-de-barro para fazer sua casa do lado contrário dos ventos mais fortes. Em cada detalhe da natureza podemos ver a assinatura divina, a impressão digital do Todo-poderoso. O universo é o teatro de sua glória. A natureza é uma orquestra gigantesca, em que cada obra da criação é um instrumento que entoa o louvor ao Deus criador. Podemos ver a glória divina no firmamento e a sua sabedoria no menor dos invertebrados. Toda a terra está cheia da bondade de Deus. Só os cegos pelo preconceito não conseguem ver a sua mão na obra da criação.[3]

Segundo os astrônomos, para cada grão de areia da praia há um planeta no espaço do tamanho da terra. Este universo vastíssimo, insondável, veio a existir porque Deus o criou pela palavra do seu poder. O universo não é fruto do acaso. Não é produto de uma explosão, nem veio de uma geração espontânea. As teses evolucionistas são teorias desconexas, inconsistentes, incoerentes e sem a veracidade das provas. São suposições que agridem a razão e falseiam a

---

[3]Para melhor entender esse assunto, consulte LOPES, Hernandes Dias. *A poderosa voz de Deus.*

O DEUS DESCONHECIDO É O DEUS CRIADOR

verdade, são teorias que estão apoiadas em colunas podres. Precisaríamos de muito mais fé para crer na evolução do que no criacionismo. Seria muito mais fácil acreditar que um bilhão de letras jogadas para cima pudessem cair na forma de uma enciclopédia, do que crer que uma explosão deu origem a este universo com leis tão perfeitas e com movimentos tão harmônicos.

O livro *Origem das espécies*, de Charles Darwin, publicado em 1859, em Londres, contém nada menos que oitocentos verbos no futuro do subjuntivo: "suponhamos". A evolução é uma suposição improvável, é uma hipótese que procura ficar de pé, escorada em um bordão podre, é uma teoria falaz. A evolução não é uma verdade científica. Ela não possui a evidência das provas. Muitos embustes foram engendrados para trazer à baila as pretensas provas, mas a mentira tem pernas curtas. A verdade sempre prevalece. A evolução sempre vai esbarrar e se chocar contra a infalível e inerrante Palavra de Deus que diz: 'No princípio, criou Deus os céus e a terra" (Gênesis 1:1). Tanto o macrocosmo como o microcosmo denunciam as incongruências da evolução.

O homem moderno, cheio de empáfia, besuntado de orgulho, dominado por filosofias humanistas, tem procurado, com grandes esforços, riscar da história a existência de Deus. Em vão, porém, tem o homem engendrado argumentos sofismáticos para negar a existência e a ação de Deus. Concordamos com a afirmativa do histólogo Renaut ao escrever a um amigo: "Eu não creio que haja um Deus, eu sei que há. O Deus único e verdadeiro não se demonstra: impõe-se!".

O DEUS DESCONHECIDO

Conta-se que Galileu, preso na masmorra por ter descoberto o movimento da Terra, foi certo dia visitado por um amigo, que lhe perguntou se cria em Deus. Galileu apontou para uma palha seca que via no chão sombrio e disse: "Essa hastezinha seca basta para me provar a existência de Deus".

Isto está em harmonia com a observação de Carl Lineu que, ao terminar o estudo fantástico da complexidade de uma folha, disse: "Segui as pegadas do Eterno, contemplando as suas obras"; e com as palavras de Georges Cuvier: "O que quiser encontrar a Deus não precisa fazer mais que dissecar uma pena".

Louis Agassiz estava coberto de razão quando, ao iniciar as aulas de Biologia, se dirigiu à sua classe nestes termos: "Antes de nos aprofundarmos nos segredos da natureza, volvamos o coração ao Deus da natureza".

Foi essa colossal e esplêndida natureza que, em seus revérberos universais, com suas leis precisas e sua beleza multifária, arrancou de Voltaire, o príncipe dos ateus, a confissão para ele paradoxal, que alguém colocou em rima: "Assombra-me o universo. Eu crer procuro, em vão, que exista um tal relógio, e relojoeiro não".

O imperador Trajano,[4] certa feita, perguntou ao rabino Josué: "Onde está o seu Deus?".

— Ele está em toda parte — foi a resposta do doutor judeu.

— O senhor pode mostrá-lo a mim?

---

[4]WALDROGEL, Luiz. *Vencedor em todas as batalhas*, p. 13-14.

— Meu Deus não pode ser visto. Olho algum resistiria ao fulgor de sua glória. Posso, porém, mostrar à Vossa Majestade, se o quiser, um de seus embaixadores.

Trajano concordou, e juntos saíram ao jardim. O sol brilhava em todo o seu fulgor.

— Levantai os olhos e vede, disse o rabino, apontando para o sol; eis ali um dos embaixadores de meu Deus.

— Mas não o posso fitar! — exclamou o imperador. — Sua luz é ofuscante demais!

— Não podeis olhar face a face uma das criações de Deus e pretendeis ver o próprio Criador!

Trajano emudeceu e pôs-se meditativo.

Durante a Revolução Francesa, desencadeou-se sobre a igreja evangélica uma terrível perseguição. Envidaram todos os esforços e empregaram todos os meios para apagar do espírito do povo a ideia de Deus. Nessa pugna violenta, queimaram bíblias, fecharam igrejas e prenderam milhares de crentes. Um dos heróis dessa cruzada ímpia e infame afirmou certa vez a um piedoso camponês que a igreja da aldeia seria destruída para varrer da memória do povo a lembrança de Deus. A isto replicou o campônio: «Então o senhor terá de apagar as estrelas!»[5]

Sim, Deus existe e Ele é o criador. Ele é o autor de todas as leis da ciência. Todas as teorias falaciosas que conspiram contra a verdade da criação esbarram-se e desfazem-se diante das evidências insofismáveis da própria ciência.

Citamos, por exemplo, a verdade incontroversa e irrefragável da não transmutação das espécies. Essa não é uma

---

[5]WALDROGEL, Luiz. *Vencedor em todas as batalhas*, p. 14.

hipótese, é uma verdade científica inegável. O Deus que criou todas as coisas, segundo a sua vontade (Apocalipse 4:11) e com leis definidas, estabeleceu que cada ser vivo deve se reproduzir segundo a sua espécie. Deus estabeleceu, desde o princípio da criação, que não existe transmutação no reino vegetal (Gênesis 1:11,12), nem no reino animal (Gênesis 1:21-25). De tal maneira que um pé de manga jamais vai produzir abacate nem um coelho nunca vai se tornar um leão. Assim também, um macaco nunca vai ser um homem.

O estudo da biologia hoje não está engatinhando como nos dias de Darwin. Atualmente sabemos que todo ser vivo é programado e automatizado em fitas de DNA. O código da vida existe porque Deus o elaborou e o escreveu nas moléculas de DNA que controlam todas as formas de vida.

Segundo o dr. Marshall W. Nirenberg, prêmio Nobel de biologia, em cada corpo humano adulto há 60 trilhões de células vivas. Em cada célula há 1,70 metro de fita de DNA, contendo a programação genética de nossa vida, como cor de cabelo, cor dos olhos, da cútis, altura, temperamento e características outras.[6]

Como disse o professor E. H. Andrews: "Este não pode ser o resultado do acaso ou acidente, assim como a *Serenata ao luar* não poderia ser tocada por ratos correndo de um lado para o outro sobre o teclado do meu piano". Códigos não se originaram do caos nem do acaso.

Cada uma dessas 60 trilhões de células é mais complexa que a mais complexa máquina já fabricada pelo homem.

---

[6]RIVALICO, Dominico E. *A criação não é um mito*, p. 11-22,76.

O DEUS DESCONHECIDO É O DEUS CRIADOR

Em cada célula está gravado o código da vida. São 1,70m vezes 60 trilhões. Resultado: 102 trilhões de metros de fita de DNA, igual a 102 bilhões de quilômetros. Entre o sol e a terra só haveria lugar para distender um curtíssimo segmento de nosso DNA, um pedacinho de apenas 150 milhões de quilômetros.[7]

Segundo os cientistas Ariel Loewi e Philip Sienkevitz, a fita DNA de toda a população da Terra poderia ser empacotada na cabeça de um alfinete.[8]

De quem derivou este fantástico projeto? Quem é o autor dessa programação e gravação em fita biogenética?

Certamente, só alguém que está acima da matéria e da energia, acima da própria vida e da natureza, além do tempo e do espaço, poderia ser o autor de tão engenhoso projeto. Inequivocamente toda esta obra fantástica vem das mãos do Deus todo-poderoso, criador do universo.

Acreditar que todas estas maravilhas são fruto do acaso ou de uma evolução, seria afogar nossa mente em um grande obscurantismo. A verdade inconteste, imbatível e perene é que "no princípio, criou Deus". Este Deus criador não é impessoal, não é uma energia, não é a alma do

---

[7]ALEXANDER, Peter, professor de biologia em Londres, afirmou que cada milímetro de fita DNA é constituído de 300 milhões de átomos. Não obstante à quantidade, cada qual encontra-se rigorosamente no seu lugar, numa arquitetura perfeita, naquele milímetro de DNA. Loewi e Sinkevitz dizem que a fita DNA é inconcebivelmente comprida. Pode circunscrever todo o sistema solar e, ao mesmo tempo, enrolada como um fio num carretel, caber na palma da mão. RIVALICO, *A criação não é um mito*, p. 79,80.

[8]RIVALICO, *A criação não é um mito*, p. 79.

O DEUS DESCONHECIDO

universo como pretendiam os estoicos, não é uma força cósmica, não é um princípio do bem dentro de cada um de nós. Este Deus não se confunde com a obra criada. O panteísmo é uma falácia. Deus é distinto da criação. Ele é transcendente. Ele é autoexistente. Ele foi quem trouxe tudo à existência. Ele é o Deus criador.

Tinha bastante razão o dr. Etheridge, paleontologista do afamado Museu Britânico, ao dizer que os evolucionistas "não se apoiam na observação, que nenhum fundamento têm para as suas teorias. Os museus estão repletos de provas da suprema falsidade de seus pontos de vista".[9] Corrobora com esta mesma tese o professor Fleischmann, de Erlangen, Alemanha: "A teoria darwiniana não tem, no seio da natureza, um único fato a confirmá-la. Não é resultado de pesquisas científicas, mas unicamente produto da imaginação".[10]

Do mesmo modo, a enxada dos arqueólogos está trazendo à luz a confirmação de que a revelação bíblica sobre a criação é um fato incontestável.[11] Os fósseis são verdadeiras trombetas de Deus, anunciando a verdade incontroversa da veracidade das Escrituras. Quanto mais a ciência avança, mais ela se aproxima da Bíblia. Embora as Escrituras não tenham sido escritas com um objetivo científico, elas não discrepam da ciência, visto que as Escrituras e a ciência têm o mesmo autor: Deus. O registro da criação

---

[9] WALDVOGEL, Luiz. *Vencedor em todas as batalhas*, p. 81.
[10] Ibidem
[11] Consulte sobre esse assunto KENNEDY, D. James. *As portas do inferno não prevalecerão*, p. 71-88, e *Por que creio?*, p. 11-43.

em Gênesis não é mitológico, é literal. Não é uma fábula, é um fato. Descrer da criação é negar a veracidade das Escrituras. Negar a veracidade das Escrituras é cair no abismo de grande apostasia. A criação é um dos fundamentos basilares do cristianismo. Ser cristão e evolucionista é uma contradição de termos. Se a evolução é um fato, então o cristianismo é um engodo. Se a evolução é uma verdade, então a Bíblia é uma falácia. Este não é um assunto de somenos importância. Esta é uma questão crucial e essencial. Remover esta pedra de esquina é derrubar todo o edifício da revelação de Deus. Mas a Palavra de Deus não pode falhar. Ela é inerrante, é infalível, é eterna. Ela é vencedora em todas as batalhas. A fogueira dos intolerantes e o veneno dos céticos tentaram, muitas vezes, destruir a Bíblia, mas ela sobranceira e gloriosa tem saído incólume desses ataques. Ela continua sendo, como sempre será, a eterna e infalível Palavra de Deus. Seja Deus verdadeiro e todo homem mentiroso!

Ora, mas ainda que esta malfadada teoria fosse verossímil, ela ainda se chocaria com o máximo problema: como explicar a origem da vida? De onde proveio o primeiro germe vivo? Surgiu espontaneamente? Proveio de algum mineral? E esse mineral, de onde veio?

O célebre e piedoso cientista Louis Pasteur pôs à mostra a fragilidade da teoria da geração espontânea, demonstrando que vida só pode vir de vida.[12]

O homem é capaz de realizar grandes obras, mas não pode criar vida. O homem, com toda a sua refinada ciência,

---

[12] WALDVOGEL, Luiz. *Vencedor em todas as batalhas*, p. 82-83.

é incapaz de fabricar um grão de trigo ou um ovo. Pode fazê-los com as mesmas formas, com os mesmos componentes químicos, igual sabor e idênticas propriedades nutritivas. Ponhamos, porém, na terra um desses grãos de trigo e deitemos sob uma galinha um desses ovos. Germinará a semente? Sairá um pintinho? Ah! Falta a tais produtos o glorioso mistério da vida! Só Deus é o autor da vida. Só Deus é a fonte da vida. Debalde procuram os cientistas criar vida. Ainda, e sempre, vida só pode provir de vida.[13]

Concluímos este capítulo, portanto, afirmando peremptoriamente que não existe contradição entre a ciência e a Bíblia. O filósofo alemão Immanuel Kant reconheceu esta verdade aos setenta e dois anos, quando declarou: "A Bíblia é livro cujo conteúdo, por si só, dá testemunho da sua origem divina. Ela nos descobre a grandeza de nossa culpa e a profundidade da nossa queda, na imensidão do plano para o resgate do homem e na execução do mesmo plano".[14]

Ao olharmos para a galeria dos maiores astros da ciência, vemos que muitos deles foram crentes fervorosos em Deus. Assim é que Voltaire, o patriarca da incredulidade, chegou a afirmar: "O ateísmo é o vício dos tolos; é um erro que foi inventado nas últimas sucursais do inferno. O ateísmo especulativo é a mais néscia das loucuras, e o ateísmo prático, o maior dos crimes".[15]

Defensores da criação e cristãos fervorosos foram Isaac Newton, Blaise Pascal, o astrônomo Kepler, Ampère, o

---

[13] WALDVOGEL, Luiz. *Vencedor em todas as batalhas*, p. 87-88.
[14] Ibidem, p. 90.
[15] Ibidem, p. 91.

O DEUS DESCONHECIDO É O DEUS CRIADOR

gigante da ciência da eletricidade; Morse, inventor de um aparelho telegráfico; Graham Bell, inventor do telefone; Lavoisier, chamado o pai da Química moderna; Gay--Lussac, descobridor da lei da dilatação dos gases, chamada por seu nome; Agassiz, famoso geólogo; Cuvier, um dos criadores da anatomia comparada; St. Hilaire, o naturalista que dizia ser Deus "a causa das causas". Crentes sinceros foram e são, enfim, os maiores vultos da ciência genuína.[16]

Diante desses fatos irreversíveis, levantamos com galhardia o lábaro desta verdade absoluta, que o Deus desconhecido pelos atenienses é o Deus criador.

---

[16] Ibidem, p. 94-95.

Capítulo três

O DEUS DESCO- NHECIDO É O DEUS DA PROVI- DÊNCIA

O DEUS QUE OS HOMENS desconhecem pela sua refinada filosofia e sabedoria humana é o Deus da providência. Ele não só criou, mas cuida da criação. Ele não é como o relojoeiro que fez o relógio, deu-lhe corda e o deixou trabalhando sozinho. Deus não está distante, indiferente, fora da sua criação. Ele é imanente também. É Ele quem governa, quem rege e dirige toda a criação. Ele sustenta toda a obra criada. "... Ele preserva a todos com vida" (Neemias 9:6). "... é ele mesmo quem a todos dá vida, respiração e tudo mais" (Atos 17:25). "Pois nele vivemos, e nos movemos, e existimos" (Atos 17:28).[1] É Ele quem alimenta as aves do céu e veste os lírios do campo (Mateus 6:26-29). É Ele quem dá de beber a todos os animais. É Ele quem faz crescer a relva (Salmos 104:11,14). É Ele quem chama as estrelas pelo nome (Isaías 40:26). É Ele quem fixa os tempos e as estações (Atos 17:26). É Ele quem nos livra do mal. É Ele quem nos guarda dos perigos. É Ele quem supre todas as nossas necessidades (Filipenses 4:19).

Ele é Deus presente. É Deus Emanuel. E o Deus que intervém. É o Deus que transforma as circunstâncias

---

[1] Os epicureus, com a sua doutrina deísta, haviam tentado marginalizar Deus para fora do Universo. Eles acreditavam numa força pessoal criadora, mas distante, indiferente, que não age na vida das pessoas. Ver CHAMPLIN, Russell Norman, *O Novo Testamento interpretado versículo por versículo*, p. 371.

O DEUS DESCONHECIDO

amargas em cenário de alegria. É o Deus que converte o choro em riso, o vale árido em manancial (Salmos 84:6). Ele é o Deus que ouve as orações, que invade nossa história marcada de dor e nos traz livramento e faz com que todas as coisas cooperem para o nosso bem (Romanos 8:28).

O Deus da providência não é o deus desconhecido dos agnósticos.[2] Ele se revelou na obra da criação, na nossa consciência, na sua Palavra e em Seu Filho Jesus Cristo.

O Deus desconhecido não é o deus distante dos deístas.[3] Ele está presente, Ele é imanente, sem deixar de ser transcendente. Ele se importa conosco. Ele ama, sofre, chora, busca, abraça, celebra e se alegra em nos conquistar com o seu amor. Quando cruzamos os vales da vida, Ele desce conosco. Quando os nossos pés pisam o lagar da dor, Ele nos carrega no colo. Quando passamos pelas águas, pelos rios e pelo fogo, Ele nos segura pela mão e nos livra. Quando passamos pelo vale árido do sofrimento, Ele o transforma num manancial. Quando atravessamos o véu da morte, Ele nos recebe na glória.

O Deus desconhecido não é o deus impessoal dos panteístas.[4] Ele é distinto da criação, Ele é o criador. Ele é

---

[2]O termo agnóstico foi inventado por Tomás Huxley em 1869. O agnóstico é aquele que nega a possibilidade de se conhecer a Deus. Consulte BUSWELL JR., Oliver. *Diccionario de Teología*, p. 28.

[3]Deísmo: o termo denota um certo movimento do pensamento racionalista que se manifestou principalmente na Inglaterra nos séculos XVII e XVIII. Esse movimento teve como pai Lord Herbert de Sherbury (1583-1648). Os deístas negavam qualquer intervenção direta na ordem natural por parte de Deus. BUSWELL JR., Oliver. *Diccionario de Teología*, p. 149.

[4]A palavra "panteísmo" deriva do grego "pan" + "theos". O termo foi usado pela primeira vez pelo deísta inglês John Toland (1670-1722).

transcendente. Ele é maior do que o universo. Ele é a causa não causada. Ele é o arquiteto, o idealizador e o artífice do universo. As coisas criadas não são a divindade, mas refletem a sua glória. Deus está em toda parte, sem ser tudo. Ele é o eternamente distinto. Ele e só Ele é autoexistente. A matéria não é eterna como queria Platão. Tudo o que existe teve um começo, só Deus é eterno. Antes do tempo só Deus existia, e foi Ele quem trouxe à existência as coisas que não existiam. Por isso, é crassa idolatria o homem se prostrar diante da natureza para adorá-la. Devemos adorar, sim, o Deus que tudo criou para a sua glória e para o nosso aprazimento.

O Deus desconhecido não é o deus bonachão dos epicureus. Deus é santo, ele não tolera o mal. Ele não faz vistas grossas ao pecado, mas o abomina. Deus é justo, por isso não pode reagir com prazer diante da violência, da impureza e da injustiça. Ele é o Deus do juízo. Ele é clemente e misericordioso, tardio em irar-se e perdoador, mas Ele também é justo e não inocentará o culpado. Aqueles que vivem como se Deus não existisse, ou como se jamais tivessem que prestar contas a Ele, terão que um dia se deparar com a ira de Deus. Tudo o que o homem semear ele vai colher. De Deus não se zomba. Ele é o vingador. Só Ele tem condições de fazer plena justiça.

O Deus desconhecido não é o deus insensível dos estoicos. Ele é o Deus que perdoa, que levanta o caído, que tira do

---

Ele sintetizou o ensino do panteísmo na declaração "Deus é a mente ou a alma do universo". Tal crença nega a personalidade de Deus. CHAMPLIN, Russell Norman, *O Novo Testamento interpretado versículo por versículo*, p. 393.

O DEUS DESCONHECIDO

monturo o necessitado e o faz assentar entre príncipes. Ele é o Deus que restaura o quebrado, dá vista aos cegos, faz falar o mudo, faz ouvir o surdo, purifica o leproso e ressuscita o morto. Ele é o Deus que intervém com imensa compaixão na vida daqueles que, embora tenham perdido as esperanças nos recursos da Terra, ousam olhar para o céu, buscando nele refúgio. Ele é o Deus que cura e salva. Ele é aquele que abre portas e fecha portas. Ele é o Deus dos impossíveis.

O Deus desconhecido não é o deus mudo, surdo e insensível das imagens de escultura (Salmo 115). Muitos confiam em deuses fabricados por artífices humanos. São deuses forjados na bigorna, cinzelados pela plaina e pelo martelo. São deuses mortos, ídolos vãos que precisam ser carregados. O Deus que Paulo anuncia não pode ser fabricado, esculpido, emoldurado nem pode habitar em santuários feitos por mãos humanas. Nem o céu dos céus podem contê-lo.

O Deus desconhecido, pregado por Paulo, é o Deus que dá o seu sol e a sua chuva para os bons e os maus. E o Deus que rega a Terra com o orvalho e fende o solo com os raios. Ele é o Deus que veste com singular beleza os lírios do campo e alimenta os pássaros do céu. É o Deus que faz germinar a semente e dá pão ao que tem fome. É o Deus que nos cumula de graça e nos coroa de misericórdia.

Nossa vida não é dirigida por um destino cego e implacável, mas pelas mãos deste bondoso Deus. Nossa vida não é controlada pela lei do carma, de causa e efeito, mas pelas mãos de Deus. Mesmo sendo nós pecadores, merecendo o seu juízo e o castigo eterno, Ele nos perdoa, nos regenera e nos dá a vida eterna. Paulo está dinamitando os alicerces da crença fatalista. Paulo está jogando por terra a fé estoica e erigindo na mente dos atenienses as colunas da fé cristã.

O DEUS DESCONHECIDO É O DEUS DA PROVIDÊNCIA

Não precisamos viver derrotados a vida toda. Não precisamos aceitar a decretação da desgraça sobre nós. Não precisamos nos conformar com o caos. Não precisamos achar que tudo está perdido e que não resta mais solução para a nossa vida. O Deus da providência pode restaurar a sua sorte. Pode reerguer você da cora existencial. Pode enxugar suas lágrimas, pode curar suas feridas, pode quebrar suas cadeias, pode tirar os seus pés do laço e colocar nos seus lábios um cântico novo, em vez de lamento.

Afirmo-lhe, insofismavelmente, que existe uma esperança. Jesus é a nossa esperança (1Timóteo 1:1). A história não está dando voltas cíclicas, ela caminha para o seu fim glorioso. O mal será derrotado pelo bem. A verdade prevalecerá sobre a mentira. A justiça que agora é torcida e sonegada nos tribunais, enfim triunfará. Cristo colocará todos os seus inimigos debaixo dos seus pés. Os inimigos de Deus serão lançados no lago de fogo (Apocalipse 19:20; 20:10,14,15). Então, haverá um novo céu e uma nova Terra (Apocalipse 21:1).

Saiba que o Deus da providência criou você, cuida de você, ama você e está disposto a intervir na sua vida e levar você para o céu, onde não haverá lágrima, nem luto, nem dor (Apocalipse 21:4). Viver, portanto, é saborear o cuidado diário de Deus. A vida é digna de ser celebrada com entusiasmo, porque cada dia de vida é um milagre especial da providência divina.

Og Mandino, aos trinta e cinco anos de idade, estava falido, abandonado pela esposa e pela filha, bêbado, caído numa sarjeta, pensando em tirar a própria vida.[5] Dez anos depois, saltou da sarjeta para o topo da fama internacional.

---

[5] MANDINO, Og. *A melhor maneira de viver*, p. 36-38.

O DEUS DESCONHECIDO

Tornou-se um célebre escritor, cujos livros são traduzidos e lidos em quase todo o mundo. Suas mensagens, via de regra, são de encorajamento.[6] No seu livro autobiográfico, ele dá uma interessante sugestão para se começar um dia entusiasmado, valorizando a vida como dom de Deus. Conhecer o Deus da providência é saber que Ele cuida de nós em todas as circunstâncias. É descansar nos seus braços, mesmo que a tormenta esteja rugindo ao nosso redor. O conselho do consagrado escritor é começar o dia abrindo um bom jornal. Não devemos iniciar a leitura pelas páginas políticas, pois ficaríamos frustrados e até revoltados com os desmandos. Não deveríamos começar a leitura pelas páginas econômicas, pois a globalização, a recessão, o desemprego e o arrocho da economia podem nos deixar deprimidos. Também não deveríamos iniciar a leitura pelas páginas policiais, pois ficaríamos com medo de sair de casa. Ainda, não deveríamos iniciar a leitura pelas páginas esportivas, pois pode ser que o nosso time esteja em declínio e tenha sofrido uma goleada no último jogo. O seu conselho é que deveríamos iniciar a leitura pelo obituário, ou seja, lendo atentamente a lista das pessoas que morreram. Não devemos pular um nome sequer. Ao término dessa leitura, vamos descobrir algo tremendo que pode mudar a nossa vida. É que o nosso nome não consta naquela lista. As pessoas que estão ali, dariam tudo para estar no nosso lugar, mas estão mortas. Nós estamos vivos e, se estamos vivos, um milagre pode acontecer conosco. Se estamos vivos, Deus pode intervir na nossa vida e mudar a nossa sorte!

---

[6]MANDINO, Og. *A melhor maneira de viver*, p. 19-21.

Capítulo quatro

O DEUS DESCONHECIDO É O DEUS QUE SE ENCARNOU PARA SER O NOSSO REDENTOR

PAULO REFUTA a tese dos epicureus ao afirmar que Deus não está distante nem é insensível, mas amou--nos de tal maneira que nos enviou seu Filho unigênito para morrer em nosso lugar (João 3:16; Romanos 8:32).

Paulo fala que o Deus desconhecido é o Deus encarnado. É o Deus que desceu da glória. É o Deus que se fez homem. É o rei que se fez servo. É o transcendente que se fez imanente. O Deus desconhecido não é uma divindade iracunda, vingativa e caprichosa, mas é o Deus de amor que se entregou a si mesmo por nós (Gálatas 2:20), suportando a cruz, não levando em conta a sua ignomínia, por causa da alegria que lhe estava proposta (Hebreus 12:2), a alegria de conquistar-nos por amor (Isaías 53:11).

O Deus desconhecido pelos atenienses, o Deus verdadeiro, não é o Deus que ameaça, pune e esmaga os homens com violência, mas é o Deus que levou sobre si os nossos pecados e carregou com a nossa culpa (Isaías 53:4-6; 1Pedro 2:24). É o Deus que acolhe os inacolhíveis, abraça os inabraçáveis, busca o perdido, perdoa a meretriz e liberta o ladrão. É o Deus que não expulsa os leprosos, mas os purifica (Lucas 17:11-14). É o Deus que dá vista aos cegos e cura os aleijados. É o Deus que dá pão ao faminto e levanta o caído. É o Deus que entra na casa de publicanos e come com os pecadores. É o Deus que não esmaga a cana quebrada, nem apaga o pavio que fumega (Mateus 12:20).

O DEUS DESCONHECIDO

O Deus vivo que Paulo prega não é um Deus distante, mas é aquele que entrou na História dos homens, viveu como homem, sofreu a nossa dor, chorou o nosso choro, carregou sobre si as nossas doenças e derramou a sua alma na morte. É o Deus que, sendo transcendente, esvaziou-se. É o Deus que, sendo soberano, se humilhou. É o Deus que, sendo rico, se fez pobre. É o Deus que, sendo revestido de majestade e glória, nasceu numa estrebaria. É o Deus que, sendo adorado pelos anjos, foi cuspido pelos homens, por amor aos homens. É o Deus que, sendo bendito, se fez maldição (Gálatas 3:13). É o Deus que, sendo santo, se fez pecado por nós (2Coríntios 5:21). É o Deus que tomou o nosso lugar, como nosso representante, e cumpriu por nós a lei que nós quebramos. É o Deus que satisfez as demandas e as exigências da sua própria lei, como nosso fiador, para nos salvar. É o Deus que nos justifica, recebendo em si mesmo a merecida punição do nosso erro, para ser, então, justo e justificador daquele que tem fé em Jesus (Romanos 3:21-26). E o Deus que abraça a cruz como único recurso de manifestar-nos a sua justiça e o seu amor. É o Deus que suporta o espetáculo horrendo do Gólgota para nos salvar. É o Deus que recebe a coroa de espinhos para nos dar a coroa de glória. E o Deus que sofreu a sede atroz para nos dar a água da vida. E o Deus que foi manietado no Getsêmani pelos algozes para nos libertar das algemas do pecado. É o Deus que foi desamparado na cruz para sermos aceitos diante do trono do Pai. É o Deus que suportou a morte humilhante de cruz para nos dar o presente da vida eterna.

Paulo perturba e escandaliza as mentes gregas ao afirmar que este Jesus não foi retido pela morte. Ele ressuscitou.

O DEUS DESCONHECIDO É O DEUS QUE SE ENCARNOU

A morte não é o fim de todas as coisas como pensavam os epicureus. Jesus derrotou a morte. Jesus matou a morte com a sua morte. Como dizia John Owen, o maior teólogo puritano da Inglaterra, aqui vemos a morte da morte na morte de Cristo.[1] Aqui vemos Jesus irrompendo majestoso e glorioso da sepultura como príncipe da vida e vencedor da morte. As chaves da morte estão em suas mãos. Jesus atravessou o véu espesso da morte, tirou-lhe o aguilhão e concedeu-nos a vida. Este Jesus é o autor da vida (Atos 3:15), é a própria vida (João 14:6), é a ressurreição e a vida (João 11:25). A morte não pode mais nos vencer quando estamos nele (Romanos 8:38). Por isso morrer com Cristo é lucro (Filipenses 1:21), é bem-aventurança (Apocalipse 14:13), é habitar com o Senhor (2Coríntios 5:8), é ir para a casa do Pai (João 14:2), é entrar na pátria celestial (Filipenses 3:20).

O Deus desconhecido dos gregos é o Deus da esperança. É o Deus que preparou para nós um lar eterno, onde não haverá lágrimas, nem pranto, nem luto, nem dor (Apocalipse 21:4). O Deus desconhecido pelos filósofos gregos é o Deus que diz que o melhor está por vir. É o Deus que diz que o prazer maior não é gozado na terra, mas no céu. É o Deus que afirma que a felicidade suprema não está nas coisas, nem nas realizações, nem no conhecimento, nem no prazer, mas em glorificar a Deus e gozá-lo para sempre.

Os atenienses eram muito religiosos, mas não conheciam Jesus. Talvez você também seja religioso, zeloso em

---

[1]Consulte a obra de OWEN, John. *Por quem Cristo morreu?* Essa é uma versão simplificada e condensada do clássico escrito por Owen (1616-1683), *A morte da morte na morte de Cristo.*

O DEUS DESCONHECIDO

sua crença, sincero em sua fé. Talvez você frequente com assiduidade a sua igreja, fazendo orações, praticando obras, dobrando-se diante de muitos altares e até seja devoto de muitos santos, mas ainda não experimentou o poder transformador de Jesus em sua vida, ainda não o conhece como Deus vivo e pessoal.

Não há nada mais urgente do que você entregar sua vida a Jesus. Nenhuma riqueza deste mundo pode pagar o valor da sua alma. Ela vale mais do que o mundo inteiro. Mesmo que você ganhe o mundo inteiro, mas se perder a sua alma, terá perdido tudo. Deus colocou a eternidade no seu coração. As coisas temporais e terrenas não podem satisfazer o seu coração. O dinheiro não pode preencher o vazio da sua vida. O sucesso não é capaz de fazer você sentir-se uma pessoa realizada. A fama não satisfará os anseios da sua alma. Os prazeres do mundo só lhe darão uma aparente e passageira alegria. A alegria que as bebidas alcoólicas lhe proporcionam se desmancham no seu travesseiro e se derretem em lágrimas amargas. A vibração que você sente ao injetar drogas em suas veias transforma-se em um pesadelo mortal. O prazer que você sente no sexo ilícito converte-se em dor e choro. O pecado é uma fraude. O diabo é um estelionatário. Ele promete vida e dá a morte. Ele promete alegria e joga as pessoas no calabouço da depressão. Ele promete prazer e deliciosas aventuras e joga as pessoas na lama e no opróbrio. Ele tenta afastar da mente das pessoas o desejo do céu, para jogá-las no inferno.

Na verdade, só Jesus satisfaz a sua alma. Ele é o pão da vida, quem dele se alimenta nunca mais terá fome. Ele é a água da vida, quem beber desta água nunca mais terá sede para sempre. Se você crer em Cristo, uma fonte vai jorrar

O DEUS DESCONHECIDO É O DEUS QUE SE ENCARNOU

de dentro de você para a vida eterna, rios de água viva fluirão do seu interior. Uma alegria indizível e cheia de glória inundará a sua alma. Uma paz que excede todo o entendimento será derramada sobre a sua vida. Você, então, terá o seu nome escrito no livro da vida. O Espírito Santo selará você como propriedade exclusiva de Deus e você será transformado em templo santo da habitação do Espírito. Você será, então, adotado na família de Deus, será herdeiro de Deus, ovelha do seu pastoreio, menina dos olhos de Deus, a delícia de Deus, a herança do Todo-poderoso.

Para salvar a sua vida, Deus desceu da glória, fez-se carne, movimentou o céu e a terra, marchou determinada e vitoriosamente para a cruz. Não havia um caminho mais fácil para Deus salvar você, nenhum atalho. A salvação para você é de graça, mas custou tudo para Deus, custou a vida de seu Filho, o derramamento do seu sangue. Esta suprema dádiva é eterna. O Cordeiro foi morto antes da fundação do mundo. O plano da sua redenção foi elaborado na eternidade, antes que os fundamentos da Terra fossem lançados. Nada deteve ou impediu que Deus levasse a efeito o seu propósito eterno. Deus investiu tudo para que você fosse salvo. Deus se alegra e se deleita na sua salvação. Os anjos de Deus celebram com efusiva alegria cada vez que um pecador se arrepende e se volta para Ele.

A lista de Schindler foi um filme dramático que trouxe à luz os horrores do holocausto.[2] Os judeus foram trucidados com requinte de crueldade pela fúria insana dos nazistas.

---

[2] Filme de Steven Spielberg. Ele é o diretor e o produtor mais aclamado pela popularidade de seus filmes desde a década de 1970. Consagrou-se ao receber sete estatuetas do Oscar de 1994 pelo filme citado.

O DEUS DESCONHECIDO

Seis milhões de judeus pereceram nas câmaras de gás, nos paredões de fuzilamento, nos campos de concentração. Da carne do judeu fizeram sabão para os soldados nazistas, dos ossos do judeu fizeram armas e do cabelo dos judeus fizeram travesseiros. No meio dessa barbárie hedionda, um alemão nazista foi invadido por um sentimento de misericórdia e resolveu usar sua fortuna pessoal para comprar centenas de judeus, impedindo, assim, a condenação sumária deles. Transferiu-os para uma fábrica fictícia na Checoslováquia com o propósito de livrá-los da morte iminente. Quando a guerra terminou, o benfeitor alemão reuniu os judeus no pátio da sua empresa para comunicar-lhes que estavam livres. De repente, olhou para o seu carro de luxo estacionado no pátio e começou a chorar, dizendo: com esse carro eu teria comprado mais vinte vidas que pereceram nas câmaras de gás. Olhou também para o bóton de ouro na lapela do seu paletó e disse com a voz embargada pelo choro: com este bóton eu teria comprado mais duas vidas. Por fim, arrematou com uma célebre frase: "Quem salva uma vida, salva o mundo inteiro". Sim, você vale mais do que o mundo inteiro. Se existisse apenas você neste planeta, Jesus daria a sua vida por você. Ele amou você, ele morreu por você para salvar você. Você é infinitamente precioso para Deus.

Em Atos 17:18, há o registro de que Paulo anunciou aos atenienses Jesus e a ressurreição. Eles pensaram que Paulo estivesse acrescentando mais dois novos deuses ao panteão romano: Jesus e *anástasis* (ressurreição).[3] Os gregos

---

[3]Consulte LANGE, John Peter. *Commentary on the Acts of the Apostles*, p. 323.

não toleravam a ideia da ressurreição (Atos 17:32), mas Paulo não é um profeta da conveniência. Ele não prega o que o povo quer ouvir, mas o que o povo precisa ouvir. Ele não tem a preocupação de agradar aos homens, mas a Deus. Por isso, no maior centro de oposição da doutrina da ressurreição, ele diz que o Deus desconhecido dos atenienses é aquele que se fez carne e morreu e ressuscitou dentre os mortos.

A ressurreição de Cristo ou é uma fraude astuciosamente maldosa maquinada pela perversidade da mente humana, ou então é o fato mais extraordinário da História. A ressurreição de Cristo e o cristianismo permanecem em pé ou caem por terra juntos. Não há cristianismo sem ressurreição. Se a nossa esperança se limita apenas a este mundo, somos os mais infelizes de todos os homens. Um dos fatores mais fortes que distingue o cristianismo das demais religiões é a ressurreição. Os fundadores de todas as outras religiões do mundo que morreram, ainda estão em seus túmulos. Você ainda hoje pode visitar o túmulo de Buda, Confúcio, Maomé e Alan Kardec. Os seus restos mortais ainda estão sob a lápide. Jesus, porém, triunfou sobre a morte. Ela não pôde detê-lo. Jesus, com a sua morte, matou a morte ao ressuscitar corporalmente, fisicamente, gloriosamente. Sem ressurreição o cristianismo seria apenas uma religião vazia de esperança, um museu de relíquias do passado. O apóstolo Paulo, falando para os coríntios, diz que se Cristo não ressuscitou, é vã a nossa pregação, e vã a nossa fé (1Coríntios 15:14). Se Cristo não ressuscitou, somos tidos por falsas testemunhas de Deus e ainda permanecemos nos nossos pecados (1Coríntios 15:15,17).

O DEUS DESCONHECIDO

Se Cristo não ressuscitou, os que dormiram em Cristo pereceram e nós somos os mais infelizes de todos os homens (1Coríntios 15:18,19). Sem ressurreição, a morte teria a última palavra. Sem ressurreição, a esperança do céu seria um pesadelo tormentoso. Sem ressurreição a fé cristã seria um engodo e os mártires que morreram por causa dessa fé teriam morrido em vão.[4]

A pregação de Paulo em Atenas sobre a ressurreição é categórica e insofismável. Ele não abordou a ressurreição como uma hipótese ou possibilidade, mas como um fato histórico absoluto e incontroverso. Cristo, ou foi um mentiroso por ter afirmado ser quem não foi, ou um lunático por ter pensado ser quem não era, ou então, ele de fato é o Filho de Deus, que desceu do céu, morreu, ressuscitou, está à destra do Pai, de onde voltará com grande poder e excelsa glória.

As provas acerca da ressurreição são numerosas. Muitos céticos que tentaram destruir os fundamentos do cristianismo, ao pesquisarem com profundidade sobre a ressurreição de Cristo, se curvaram diante das evidências irrefutáveis. O general Lew Wallace, no século passado, começou a escrever um livro com o propósito de provar que Jesus era um mito. Depois de acuradas pesquisas, capitulou aos pés do Salvador, reconhecendo que verdadeiramente Ele é o Filho de Deus. O livro que deveria ser um ataque

---

[4]Sobre esse momentoso assunto da ressurreição de Cristo, consulte MCDOWELL, Josh. *Evidência que exige um veredito*. Consulte, ainda, KENNEDY, D. James. *As portas do inferno não prevalecerão*, p. 29-47.

ao cristianismo foi um dos maiores clássicos em defesa da divindade de Jesus.[5] O livro que ele escreveu tornou-se célebre e famoso no mundo inteiro: *Ben Hur*. O filme *Ben Hur* é ainda hoje um dos campeões de bilheteria, um dos maiores tributos à glória de Cristo.

Na verdade, a Bíblia registra diversas provas incontestáveis da ressurreição de Cristo. Primeiro, ela é um fato histórico inegável. Jesus apareceu ressurreto a Maria Madalena, às mulheres, a Pedro, aos dois discípulos do caminho de Emaús, aos apóstolos sem a presença de Tomé, aos apóstolos com a presença de Tomé, aos sete apóstolos no mar da Galileia, a uma multidão de mais de quinhentos irmãos, a Tiago, aos circunstantes por ocasião da sua ascensão, a Paulo no caminho de Damasco, a Estêvão na hora do seu martírio e a João na ilha de Patmos. Se Jesus não tivesse ressuscitado, quando Pedro pregou no Pentecostes sobre a sua ressurreição, bastaria que os judeus ou os romanos tivessem desfilado com o corpo morto de Cristo pelas ruas de Jerusalém e o cristianismo teria sido destruído no seu berço.

Em segundo lugar, a ressurreição de Cristo, além de ser um fato histórico inegável, produziu um profundo impacto psicológico sobre os discípulos. A vida deles foi transformada. Aqueles que haviam demonstrado covardia e medo diante dos perigos, agora tornam-se ousados e audaciosos. Suportaram ameaças, açoites, prisões, martírio e a própria

---

[5]WALDVOGEL, Luiz. *Vencedor em todas as batalhas*, p. 169-170.

morte para anunciar com grande poder a ressurreição de Cristo.

Em terceiro lugar, a ressurreição tornou-se a pedra de esquina sobre a qual foi erguido o pilar central do cristianismo. Essa não é uma doutrina secundária, mas a espinha dorsal da fé cristã.[6] Somos o povo de uma esperança viva. Nossa herança é imarcescível e cheia de glória. Cristo ressuscitou e nós também vamos ressuscitar com um corpo incorruptível, poderoso, glorioso, espiritual e celestial (1Coríntios 15:42-49), semelhante ao corpo da glória de Cristo (Filipenses 3:21).

---

[6]Mais tarde, o apóstolo Paulo escreve para os gregos de Corinto uma das maiores apologias sobre a ressurreição (1Coríntios 15), mostrando a vital importância dessa doutrina no bojo do cristianismo. Se Cristo não ressuscitou, diz Paulo, então a nossa fé e a nossa pregação são vãs, estamos ainda presos em nossos pecados e aqueles que morreram em Cristo pereceram.

Capítulo cinco

O DEUS DESCO-NHECIDO É O DEUS QUE É SENHOR DO UNIVERSO

PAULO AGORA COMEÇA a falar que este Deus é soberano, é rei, é Senhor. Ele é absoluto. Ele está no trono. Ele não é manobrado. Ele não é manipulado. Ele não se deixa pressionar.

Ele não é apático. Ele não é amoral. Ele não é bonachão. Ele exige obediência. Ele não aceita suborno. Ele não tolera o mal. Ele não transige com o pecado. Ele não faz concessão. Ele não faz acepção. Ele não abre exceção. Ele exige que todos se dobrem. Ele não aceita obediência parcial. Ele não aceita consagração pela metade. Diante dele todo joelho deve se dobrar e toda língua deve confessar que Ele é Senhor.

A tarefa da Igreja hoje é proclamar Cristo como Senhor. Através dos séculos, a Igreja mudou a ênfase da sua mensagem. O Novo Testamento chama Jesus de Salvador 16 vezes, Mestre 64 vezes e Senhor 650 vezes. Que quer dizer Jesus é Senhor? Hoje, quase nada. No primeiro século só César era senhor. Era honrado como divindade na Terra. A mensagem de Cristo como Senhor absoluto e indisputável explodiu como bomba no império romano. Cristo está acima de toda autoridade. Cristo está acima dos deuses do Panteão. Cristo está acima de César, está acima do Estado. Por isso, quando alguém confessava Jesus como Senhor estava expondo sua vida ao martírio. Muitos foram queimados vivos, outros foram presos e torturados.

O DEUS DESCONHECIDO

Milhares eram levados ao Coliseu onde eram devorados pelos leões da Líbia, devorados pelas feras, pisoteados pelos touros enfurecidos e despedaçados pelas espadas dos gladiadores, simplesmente porque criam e confessavam Jesus como Senhor.

A mensagem de Paulo em Atenas é que Jesus é Senhor. Todo joelho vai se dobrar diante dele. Reis, presidentes, ditadores, filósofos, cientistas, generais, homens de todas as classes, de todos os credos, ateus e agnósticos, religiosos ou não vão confessar que Jesus é Senhor.

Jesus é o Senhor da História. Ele é o eixo da História. Ele é o alfa e o ômega da História. Ele está no centro da História. Ele governa as nações. Ele levanta reinos e os abate. Levanta reis e os destrona. Só Ele pode abrir os selos do livro da História (Apocalipse 5:1-5). O epílogo da história não será uma tragédia, mas a vitória retumbante e gloriosa de Cristo como Senhor. Todas as coisas, tanto no céu como na terra, vão convergir nele (Efésios 1:10), porque dele é o reino, o poder e a glória para sempre.

Mas Jesus também é o Senhor da Igreja (Colossenses 1:18). Ele é o dono da Igreja. Ele é o fundador da Igreja. Ele é o fundamento da Igreja. Ele é o edificador da Igreja. Ele é o protetor da Igreja (Mateus 16:18). Ele é o salvador da Igreja (Efésios 5:23). Ele é o Senhor da Igreja (Colossenses 2:6). Uma igreja em que Jesus não é o Senhor é anômala. Uma igreja em que Jesus não é o cabeça é acéfala. Se a igreja não é submissa a Cristo ela é um clube e não uma igreja. O crente que ainda não tem Cristo como Senhor ainda não está salvo. A ordem bíblica é: "Crê no Senhor Jesus e serás salvo" (Atos 16:31).

Essa tese falaz de que uma pessoa pode ser salva, mesmo não obedecendo a Jesus como Senhor, mesmo vivendo debaixo do pendor da carne, tem produzido uma geração de crentes inconversos e um batalhão colossal de gente autoenganada. Infelizmente, muitos dos que caminham sem o azeite do Espírito na vida, como as virgens néscias e sem santidade no viver, só descobrirão este terrível engano nas barras do tribunal de Cristo, mas, então, será tarde demais (Mateus 7:21-23).

A doutrina do senhorio de Cristo não é popular. Os homens empoleirados no trono da soberba meneiam a cabeça e rechaçam com toda fúria esta verdade suprema. O homem sempre cobiçou ser mais do que é. Satanás tentou Eva, prometendo-lhe que se ela comesse do fruto proibido seria igual a Deus. Mais tarde, os homens, na sua arrogância tresloucada, lançaram-se num projeto altivo de construir uma torre cujo topo chegasse ao céu, um zigurate, uma torre astrológica, para lerem os astros e, assim, traçarem por si mesmos o próprio destino. Muitos monarcas, empunhando o cetro do poder político, tentaram assentar-se no trono do universo, exigindo obediência e culto dos seus súditos como se fossem o próprio Deus.

No século 18, entronizaram na Europa a deusa Razão e colocaram o homem no centro de todas as coisas. Não havia mais espaço para Deus. Era o levantar de uma nova era, o apogeu do antropocentrismo. No século 19 o pensador alemão Nietzsche proclamou a morte de Deus. Hegel, o ditador filosófico da Alemanha, lançava as bases para o relativismo filosófico e Charles Darwin, na Inglaterra, os pressupostos do chamado ateísmo científico. Os homens

O DEUS DESCONHECIDO

atrevidos e loucos arvoraram-se contra o Todo-poderoso. Passaram a cultuar a si mesmos. Ele era o centro do universo, a medida de todas as coisas. Rejeitaram a Palavra de Deus. Escarneceram dos seus conselhos. Cavaram para si cisternas rotas. Abandonaram a fonte da vida. O resultado é que no apogeu do humanismo acendrado, o homem mergulhou a história num mar de sangue, provocando duas sangrentas guerras mundiais. Ele perdeu o referencial da decência e da justiça. Sem Deus o ser humano se torna uma fera indomável, um monstro celerado.

Hoje, mesmo no meio cristão, os pregadores estão sonegando ao povo a verdade axial do senhorio de Cristo.[1] O povo não quer ser incomodado com mensagens austeras. Quer canção de ninar. Quer apenas que os pregadores façam cócegas em seus ouvidos. Estamos vivendo um tempo de profunda apostasia, de desvio da verdade. Homens cegos sobem ao púlpito para fazer errar o povo incauto. As mensagens preferidas hoje são aquelas que insuflam a vaidade humana, que revelam o potencial e a força que estão latentes no homem. Tudo gravita em torno do homem e da sua soberana vontade. Até as orações que os cristãos dirigem a Deus não são súplicas, mas ordens, determinação. Deus passou a ser visto como servo, encarregado. Parece até que é o homem que está no trono. Parece que é o homem que está no controle e no comando do universo. A ênfase da mensagem de hoje é que Deus está a

---

[1]MCARTHUR JR., John, em seu excelente livro *O evangelho segundo Jesus*, faz uma abordagem profunda sobre as implicações de se crer em Jesus como Senhor.

serviço do homem, e não o homem a serviço de Deus. Isso é uma distorção da verdade, uma pregação falsa, um ensino venenoso, uma prática reprovável.

É preciso resgatar o antigo evangelho, o ensino da soberania de Deus.[2] É preciso anunciar que Jesus Cristo é senhor.[3] Não basta apenas colocar esta frase nos *outdoors*, nas placas das igrejas, como se fossem clichês e rótulos poderosos. Precisamos ter uma teologia e uma prática que honrem o senhorio de Cristo. Precisamos nos humilhar diante da sua soberana mão. Precisamos nos render incondicionalmente a Ele. Jesus não é salvador de quem ele não é Senhor. Não podemos separar o Jesus Salvador do Jesus Senhor. Ou você se submete a Cristo, ou não há salvação para sua vida. Ninguém pode servir a dois senhores. Jesus não aceita concorrência. Ele é o seu dono, Senhor e rei, ou então você ainda permanece nos seus pecados. Ele governa a sua vida, ou então você ainda é escravo dos seus pecados. Ele domina os seus desejos, vontade, ações e reações, ou então você ainda é prisioneiro dos seus pecados. Sem o senhorio de Cristo, teríamos uma multidão de crentes não convertidos, de lobos com peles de ovelhas. Remover esta doutrina do centro do cristianismo é insurgir-se contra a verdade de Deus. Querer colocar o homem no centro é a mais abominável forma de idolatria. Ficar aquém desse ensino é ser infiel a Deus e sonegar ao povo a sua bendita Palavra. Este é um tempo de reflexão, exame e avaliação.

---

[2] Para melhor compreender esse assunto, consulte o excelente livro de PACKER, J. I. *O antigo evangelho*.

[3] Maiores informações, ver o livro citado na nota 42.

Jesus já é o Senhor da sua vida? Dos seus sentimentos? Dos seus negócios? Do seu dinheiro? Do seu lar? Das suas ações e reações? Você já entregou seus direitos a ele? Ele governa seus pensamentos e suas palavras? Ele tem domínio sobre o seu corpo e sobre os seus desejos? Você o confessa como Senhor da sua vida com a sua língua? Você demonstra pelo seu viver que de fato você é servo dele?

Capítulo seis

O DEUS DESCONHECIDO É O DEUS QUE NÃO ACEITA IDOLATRIA

OS GREGOS ESTAVAM acostumados com as imagens dos seus muitos deuses. Eles eram acentuadamente religiosos e não concebiam adoração sem se prostrarem num altar, diante de uma imagem. Semelhantemente, há muitos hoje que entopem seus templos com imagens de todos os santos. Não poucos hoje possuem oratórios, nichos e altares também em suas casas, onde colocam as imagens de seus santos protetores. Outros enfeitam as paredes de suas casas com crucifixos e objetos vários de veneração e, então, os adoram e fazem suas orações a estes santos e prestam-lhes homenagens e oferendas.[1]

Vemos esta crença profundamente enraizada na cultura religiosa brasileira, desde a sua descoberta em 1500 e desde a primeira missa celebrada ao pé da cruz. Este é o país de muitos altares. Este é o país de muita idolatria e misticismo. Esta é a nação de crenças sincréticas e esotéricas. Nosso povo acredita em horóscopo. Nosso povo anda atrás de guias e orixás. Nosso povo crê em duendes e gnomos. Nosso povo vive atrás de bons fluidos e energizações. Nosso povo carrega suas imagens de escultura nos ombros,

---

[1]É um fato lamentável da história cristã que, no século oitavo, quando do Concílio de Niceia, foi decretado que as imagens de escultura eram objetos apropriados de adoração, tanto quanto o próprio Deus. CHAMPLIN, Russell Norman, *O Novo Testamento interpretado versículo por versículo*, p. 378.

O DEUS DESCONHECIDO

fazendo penitências e sacrifícios; ou as transportam em carros alegóricos pelas ruas, em procissões pomposas, com as ruas atapetadas de flores, pensando com isto estar agradando a Deus e fazendo a sua vontade (Isaías 45:20).

Vivemos no país que, desditosamente, separou um dia do ano, como feriado nacional, para a adoração de sua santa protetora, a "Senhora Aparecida", uma imagem pescada no rio Paraíba do Sul, em 1717, quebrada a pauladas por um iconoclasta, restaurada por um artista plástico e agora guardada e protegida numa redoma de vidro à prova de bala.[2]

Em cada cidade brasileira há um santo protetor. O Brasil, à semelhança de Atenas, está cheio de altares. Há aqui também uma floresta de ídolos. O nosso povo está cheio de crendices. Paulo argumenta que o Deus que o povo religioso e idólatra de Atenas não conhecia, e que é o Deus verdadeiro, criador do céu e da terra, não aceita idolatria (Atos 17:29).[3] Este Deus vivo abomina toda sorte de idolatria e chama de maldito aquele que a prática (Deuteronômio 27:15). A idolatria provoca a ira de Deus (Romanos 1:18-23). A idolatria corrompe o coração e acarreta o severo juízo divino (Êxodo 32:7-10; Romanos

---

[2]O papa Pio XII designou Aparecida capital espiritual do Brasil e, em 1967, Paulo VI concedeu ao santuário a mais alta honraria da igreja, a Rosa de Ouro. A imagem em terracota negra e com 42 centímetros de altura foi sagrada em 1980 pelo papa João Paulo II, quando a data de sua festa, 12 de outubro, tornou-se feriado nacional. Veja *Nova Enciclopédia Barsa*, vol. 1, p. 453.

[3]MEYER fala sobre a abordagem inteligente, polida e sensível que Paulo fez aos religiosos de Atenas. Foi uma crítica fina e profunda do culto gentio — BONNET, L; SCHROEDER, A. *Comentario del Nuevo Testamento*, vol. 2, p. 581.

O DEUS DESCONHECIDO É O DEUS QUE NÃO ACEITA IDOLATRIA

1:24-32). A idolatria é perversão da adoração e uma afronta a Deus (Êxodo 20:1-6). A idolatria produz cegueira e entorpecimento espiritual (Salmos 115:4-8). A idolatria embrutece o entendimento e a razão (Isaías 44:9-18). A idolatria produz ilusão (Isaías 44: 19,20). A idolatria não é neutra, atrás dela está a ação dos demônios (1Coríntios 10:19-22).

Por isso, não podemos adorar a Deus segundo os ditames da nossa vontade. Deus exige ser adorado em espírito e em verdade (João 4:24). O culto a Deus precisa ser de acordo com a Palavra de Deus e esta Palavra exorta-nos: "Filhinhos, guardai-vos dos ídolos" (1João 5:21). A idolatria é obra da carne (Gálatas 5:20). Os que praticam a idolatria não herdarão o reino de Deus (Gálatas 5:21). Os idólatras serão lançados no lago de fogo (Apocalipse 21:8) e ficarão fora da cidade celestial (Apocalipse 22:14,15). Oh! que o seu coração tema e trema diante destas tremendas afirmações das Escrituras. É hora de você deixar de lado toda crença vã. É hora de você quebrar todo pacto feito com a veneração de imagens. É hora de você acordar e abrir os olhos e perceber que os ídolos nada são (1Coríntios 8:4). Eles não podem proteger você. Eles não podem ouvir você. Eles não podem ver você. Eles não podem abençoar você. Eles precisam ser carregados e protegidos por você (Isaías 46:1-7). É hora de você tirar da sua casa todos os ídolos, todas as imagens de escultura (Gênesis 35:2) e entregar sua vida a Jesus. É hora de você desviar seus olhos de imagens mortas e olhar para o Deus vivo. Entre você e Deus não existe uma miríade de mediadores. Só há um: este é Jesus (1Timóteo 2:5). Sem Jesus jamais você pode ir a Deus (João 14:6). Ponha seus olhos agora em Jesus, Ele é o autor e o consumador da fé (Hebreus 12:2). Creia nele e você terá a vida eterna (João 6:47).

Muitas pessoas têm seus santos de devoção e fazem longas e repetitivas rezas a esses santos, julgando com isto estar pavimentando a estrada de uma melhor comunicação com Deus. Na mente delas é a Deus que adoram, mas não se sentem dignas de ir diretamente a Ele, por isso entendem que precisam de um mediador mais qualificado, que tenha mais intimidade com Deus. Esse é um profundo engano. Só há um caminho para Deus, que é Jesus. Só há uma porta de entrada no céu, esta é Jesus. Só há um mediador entre Deus e os homens, Jesus Cristo, homem (1Timóteo 2:5). Tentar pegar um atalho para chegar até Deus é loucura. Nenhum santo pode ouvir as nossas preces. O processo de beatificação e canonização dos santos, qualificando-os para o ministério da mediação, é uma crassa heresia. Só Deus pode ouvir e atender as nossas orações. Só Deus pode receber o nosso culto e a nossa adoração. Para um santo poder ouvir as orações e interceder por nós junto a Deus precisaria ter os atributos incomunicáveis de Deus, como onisciência e onipresença. Como uma pessoa que já morreu poderia ouvir ao mesmo tempo milhões de orações das mais diversas partes do mundo, sem os atributos da onisciência e da onipresença? Impossível! Na verdade, a idolatria cega o entendimento e embota o raciocínio, afogando a pessoa em um denso obscurantismo.

Outros justificam a prática da crença nos santos, venerando seus ídolos, dizendo que as imagens são apenas um memorial do que eles representaram. Assim, os ídolos têm o mesmo valor de uma fotografia. É como se uma pessoa

O DEUS DESCONHECIDO É O DEUS QUE NÃO ACEITA IDOLATRIA

guardasse carinhosamente a fotografia de sua mãe que já morreu. Esta comparação não é adequada. As coisas são muito distintas.

Primeiro, ninguém acende velas diante da fotografia da mãe.

Segundo, ninguém faz preces à fotografia da mãe.

Terceiro, ninguém se ajoelha diante da fotografia da mãe num ato de veneração.

Quarto, ninguém acredita que haja poder miraculoso na fotografia da mãe, por mais benemérita que ela tenha sido. Na verdade, a veneração de imagens, o culto dos ídolos, é uma prática condenada abertamente pelas Escrituras.

Há aqueles que se apegam a essa prática estranha à Bíblia com justificativas emocionais. Eles mantêm os ídolos, porque acham que abandoná-los é desonrar a memória daquelas pessoas que as imagens representam. Pensam que mantendo e venerando as imagens estão honrando e agradando aquelas pessoas. Isso é um ledo engano. Primeiro, porque quem morre não se comunica mais com os que estão aqui na Terra. Não há comunicação entre o mundo dos vivos e o mundo dos mortos. Segundo, porque a única maneira de honrarmos uma pessoa é seguindo o seu exemplo, e não acendendo velas ou venerando a sua memória. Terceiro, porque adorar a criatura em lugar do criador é a maior desonra que se pode cometer contra essa pessoa. Quando as pessoas incautas tentaram adorar os apóstolos e até mesmo os anjos, eles prontamente rejeitaram, dizendo: "Adora a Deus" (Atos 10:25,26; 14:11-15; Apocalipse 22:8,9)!

Talvez um dos assuntos mais delicados na prática religiosa de todos os tempos tem sido a adoração a Maria,

O DEUS DESCONHECIDO

mãe de Jesus.[4] Os evangélicos são acusados de não valorizarem Maria e de não darem a ela o prestígio que merece. Não podemos ir além do ensino bíblico. Certamente, Maria foi uma mulher bem-aventurada. Foi uma mulher humilde, sábia, corajosa e profundamente comprometida com a santidade. Seu exemplo é digno de ser imitado. Sua vida constitui-se num exemplo eloquente para todos os cristãos em todos os tempos. Mas poderíamos honrar Maria agindo contra as suas convicções? Honraríamos Maria afirmando que ela é quem nunca foi? Honraríamos Maria elevando-a a uma posição em que Deus nunca a colocou? Honraríamos Maria agindo contra a sua fé no Deus único e verdadeiro, que não aceita a veneração de imagens? Maria foi ensinada que só Deus pode ser adorado. Todo culto que não é a Deus é idolatria. Onde não há verdade não há honra. Há algumas afirmações acerca de Maria que não são verdadeiras. Crer e defender essas afirmações é desonrar a Deus, é descrer na Bíblia, é aviltar a memória desta santa mulher que pautou a sua vida pela Palavra de Deus.

O culto a Maria hoje é o centro nevrálgico da adoração de quase um bilhão de pessoas em todo o mundo. A ela são atribuídos alguns títulos que não têm base nas Escrituras. Vejamos:

---

[4]O Concílio de Éfeso, em 431, consagrou a expressão "Maria, mãe de Deus". Maria recebeu depois os títulos de Virgem perpétua, Imaculada, Mediadora, Corredentora. O papa Pio IX, em 1854, declarou como dogma oficial da Igreja Católica a impecabilidade de Maria e, em 1950, o papa Pio XII proclamou a Assunção de Maria — *Nova Enciclopédia Barsa*, vol. 9, p. 302-303.

1. *Mãe de Deus*. A própria definição é contraditória. Deus não tem mãe. Se tem mãe, não pode ser Deus. Deus é eterno, autoexistente, infinito, imenso, imutável, onisciente, onipotente e onipresente. Ele não foi gerado, Ele é o criador de todas as coisas. A mãe sempre vem primeiro que o filho. Se Maria é mãe de Deus, então ela precisaria ser eterna e Deus seria despojado de seu atributo exclusivo de eternidade. A confusão quanto a esta matéria está na falta de entendimento da natureza de Cristo. Jesus é o verbo que se fez carne. Jesus é o nome humano do Filho de Deus que desceu da glória. Antes da fundação do mundo, na eternidade, o Filho habitava com o Pai e com o Espírito Santo. Diz João no prólogo do seu Evangelho: "No princípio era o Verbo, e o Verbo estava com Deus e o Verbo era Deus" (João 1:1). O Filho de Deus, ao encarnar-se, assumiu uma natureza humana, sem perder a sua natureza divina. Ele possuía uma dupla natureza: uma divina, outra humana. Ele era perfeitamente Deus e perfeitamente homem. Como Deus, ele sempre existiu; como homem, passou a existir quando foi concebido pelo Espírito Santo no ventre de Maria. Portanto, Maria é mãe da natureza humana de Cristo e não da natureza divina. Maria é mãe do Jesus homem, posto que como Deus Ele é o Pai da eternidade, o criador de todas as coisas, as visíveis e as invisíveis.

2. *Imaculada*. O ensino que declara que Maria não teve pecado não é bíblico. Todos os homens e mulheres que viveram e hão de viver herdaram o pecado original, ou seja, foram concebidos em pecado (Romanos 5:12). Todos fazemos parte de uma geração caída (Romanos 3:23). Maria reconheceu sua condição de pecadora, olhando para Deus

como seu salvador (Lucas 1:46,47). Ela levou ao templo a oferta pelo pecado (Lucas 2:22-24; Levítico 5:11; 12:8). Jesus foi o único homem que nasceu sem pecado neste mundo.

3. *A mediação de Maria*. Milhões de orações são levantadas diariamente a Maria: "Santa Maria, mãe de Deus, rogai por nós pecadores, agora e na hora da nossa morte. Amém". Maria nunca foi e jamais será intercessora entre Jesus e os homens. Atribuir esse ministério a ela é usurpar o trono de Cristo. Jesus é o único mediador entre Deus e os homens (1Timóteo 2:5). Ninguém pode ir ao Pai senão por Ele (João 14:6). Ele é o nosso advogado junto a Deus (1João 2:1). Ele vive para interceder por nós (Hebreus 7:25). Sua intercessão e seu sacrifício são plenamente satisfatórios (Romanos 8:34).

Muitos usam o texto de João 2:1-11 para fundamentar a tese da mediação de Maria. Um exame cuidadoso do texto prova que não há base para tal conclusão. Em lugar nenhum do texto há comprovação de que a mediação de Maria deveria ser usada em todos os tempos, por todos os cristãos. A última palavra de Maria foi: "Fazei tudo o que ele vos disser" (João 2:5). Jesus disse: "Eu sou o caminho, e a verdade, e a vida; ninguém vem ao Pai senão por mim" (João 14:6). Jesus deixa claro que só ele é a ponte entre Deus e os homens. Ele é o sumo pontífice. Toda oração feita fora da mediação de Cristo é pagã.

Os argumentos que são usados para provar a mediação de Maria não suportam uma análise bíblica. Muitos pedem a Maria dizendo que coração de mãe é mais sensível, e o filho sempre atende à mãe. Há um *slogan* que diz: "Pede à mãe que o filho atende". Outro *slogan* afirma: "Tudo por Jesus, nada sem Maria". Esse ensino agride a verdade de Deus. Jesus é perfeito em todos os seus atributos. Não há ninguém mais amoroso e misericordioso do que Jesus. Esse conceito medieval de que Jesus é um juiz severo, uma figura austera, inacessível, é um falseamento da verdade. Jesus é Deus e Deus é amor. Seus atributos são plenos de perfeição. Jesus não pode ser mais amoroso, mais terno do que é. Ele é perfeito, pleno, completo. Portanto, o argumento supra, é uma blasfêmia.

Há aqueles, ainda, que pensam que enaltecendo Maria estão honrando o seu Filho. Que filho não se alegra de ver sua mãe sendo homenageada? Mas cometem um rotundo engano aqueles que pensam agradar a Jesus colocando Maria numa posição na qual Deus não a colocou, nem ela mesma aceitou. Só a verdade honra Jesus. A Palavra de Deus é a verdade (João 17:17). Nem Pedro, nem Paulo, nem Maria, nem nenhum outro santo merecem a nossa veneração. Culto, só a Deus. É a Jesus que todo joelho deve se dobrar no céu, na Terra e debaixo da Terra (Filipenses 2:9-11).

A idolatria hoje tem se revestido de uma nova roupagem. Tudo aquilo que se interpõe entre nós e Deus é um ídolo. A idolatria não é só uma questão de se curvar diante de uma imagem de escultura. Ela não está apenas nos altares infestados de imagens. Pode estar escondida no coração em forma de cobiça. A avareza é uma espécie de idolatria (Efésios 5:5). Mamom é um ídolo, é um deus. Milhões de pessoas em todo o mundo estão adorando o deus dinheiro. O prazer é outro ídolo deste século hedonista. A vaidade, a soberba e a fama são ídolos que têm escravizado muitas pessoas.

É idolatria, também, o homem fabricar uma imagem de deus em sua mente e se curvar diante desse deus que ele mesmo concebeu. O deus que ele adora não é o Deus revelado, verdadeiro, soberano; mas é o deus da sua intuição, formado à imagem e semelhança do homem.

Paulo fica chocado ao visitar a capital intelectual do mundo e ver ali um obscurantismo espiritual tão profundo. Hoje também vivemos no século dos grandes prodígios da ciência. Somos gigantes no conhecimento, mas nanicos e pigmeus na percepção espiritual. No mundo inteiro miríades de pessoas estão se curvando diante de ídolos. No Japão, país que anda na vanguarda, na tecnologia moderna, multidões ainda se curvam diante da imagem de Buda. Na Índia há mais de trezentos milhões de deuses. Na África, em muitos lugares, as pessoas estão adorando fetiches e sacrificando seus filhos aos demônios. Na América e na Europa estamos vivendo um tempo chamado de pós-cristão. As pessoas estão adorando a si mesmas, o conforto, o sucesso, o comodismo. Na América Latina tem florescido o sincretismo religioso, o ocultismo e variegadas formas de idolatria e de feitiçaria.

Neste tempo, mais do que nunca, é preciso repetir o sermão que Paulo pregou em Atenas, mostrando que o Deus desconhecido dos atenienses, o Deus verdadeiro, não tolera a idolatria.

Capítulo sete

O DEUS DESCO-NHECIDO É O DEUS QUE EXIGE ARREPEN-DIMENTO

O DEUS QUE PAULO anuncia não é uma divindade tribal, não é mais um ídolo do panteão romano, não é o deus bonachão dos epicureus nem o deus insensível dos fatalistas. Ele é o Deus soberano e santo diante de quem todos um dia vão comparecer para dar contas da sua vida. Nenhum homem consegue entrar no céu pelos seus próprios méritos ou esforços. Todos estão aquém das exigências da lei de Deus. Ninguém jamais satisfez a justiça de Deus com práticas de obras beneméritas. Ninguém pode merecer ou comprar o céu. Esse fato, é claro, tem em vista que não há justo, nenhum sequer. Todos se desviaram. Todos estão debaixo do pecado. Todos são devedores à lei de Deus.

O homem natural está cego, endurecido e morto nos seus delitos e pecados. Ele peca por palavras, atos, omissão e pensamentos. Segundo os psicólogos, passam pela nossa cabeça dez mil pensamentos por dia. Se todas as nossas ações fossem boas, todas as nossas palavras fossem puras e jamais deixássemos de fazer o bem, e na área do pensamento tivéssemos nove mil, novecentos e noventa e sete pensamentos bons e apenas três pensamentos pecaminosos por dia, seríamos considerados seres quase celestiais, seríamos tidos como anjos ambulantes. Mas, se cometêssemos apenas três pecados por dia, ao fim de um mês teríamos noventa pecados e no fim de um ano, um mil e oitenta.

O DEUS DESCONHECIDO

Assim, para cada ano da nossa vida acumularíamos um fardo de mais de mil pecados. Isso, se tivermos apenas três pecados por dia.

É bem possível que aqui na Terra, muitos, com esperteza, tenham driblado a lei, comprado os tribunais, torcido a justiça e saído ilesos. Mas quem poderá subornar o tribunal de Deus? Quem pecará contra o Deus todo-poderoso e sairá inculpável? A Bíblia diz que Deus não inocentará o culpado (Êxodo 34:7) e, ainda, a alma que pecar, essa morrerá (Ezequiel 18:4). Na verdade, apenas um pecado nos afastaria do céu. No céu não pode entrar nada contaminado (Apocalipse 21:27). Se o pecado pudesse entrar no céu, este deixaria de ser céu. Assim, não há esperança de salvação para o homem, a não ser que ele reconheça a sua miséria e clame a Deus por misericórdia. Sem arrependimento não há salvação. Só os arrependidos sentirão necessidade do salvador. Só os arrependidos reconhecerão o caráter maligníssimo do pecado e buscarão refúgio no sangue do Cordeiro de Deus. O portal de entrada do evangelho é a ordem para o arrependimento (Marcos 1:15).

O arrependimento é uma necessidade imperativa por causa da natureza santa de Deus. Não há comunhão entre trevas e luz. Deus é luz (1João 1:5), e o pecado, trevas (Colossenses 1:13). "Se dissermos que mantemos comunhão com ele e andarmos nas trevas, mentimos e não praticamos a verdade" (1João 1:6). Quem tem prazer no pecado não pode ter Deus como prazer da sua vida. Quem gosta do pecado vai ficar sem ambiente na presença de Deus. A luz faz mal para os olhos doentes. A luz expõe e reprova as obras más. "Todo aquele que é nascido de Deus não vive na prática do pecado..." (1João 3:9). Ainda diz a Escritura: "Todo aquele

O DEUS DESCONHECIDO É O DEUS QUE EXIGE ARREPENDIMENTO

que permanece nele não vive pecando; todo aquele que vive pecando não o viu, nem o conheceu" (1João 3:6).

Finalmente, o arrependimento é imperativo por causa da natureza do céu. Uma pessoa que ama o pecado ficaria profundamente deslocada no céu. O céu não seria o seu *habitat*. Nada que existe lá lhe daria prazer. O céu será um ambiente totalmente santo, de adoração, serviço e louvor a Deus. Quem não se deleita agora na presença de Deus, quem não tem prazer de o adorar, se sentiria bem no céu? A morte em si mesma não pode nos transformar. Quem morrer como ímpio, ressuscitará não como santo, mas despertará para vergonha e horror eterno (Daniel 12:2). Quem morreu como ímpio na Terra, jamais despertará como santo no céu. O tempo do arrependimento é hoje, é agora, e não na eternidade. Depois da morte não adianta acender velas e fazer missas em favor da salvação da pessoa que partiu. O purgatório não existe. Só há dois destinos depois da morte: o céu ou o inferno. A salvação é uma questão puramente pessoal. O arrependimento tem lugar é do lado de cá da sepultura e não além do véu da morte. O destino eterno da pessoa é lavrado antes da morte e não depois dela. A Bíblia diz: "Ao homem está ordenado morrer uma só vez, vindo, depois disto, o juízo" (Hebreus 9:27).

Em Atos 17:30, o apóstolo Paulo faz quatro afirmações tremendas sobre a questão do arrependimento:

1. DEUS NÃO LEVOU EM CONTA OS TEMPOS DA IGNORÂNCIA

Deus está pronto a não castigar você pelos seus pecados do passado. Ele está pronto a passar uma esponja sobre a sua história eivada de iniquidade. Deus está pronto a apagar da sua memória o que você fez contra ele na sua ignorância (1Timóteo 1:13). Você não precisa viver se martirizando, açoitado pelos chicotes do sentimento de culpa em relação aos seus pecados passados. Você não precisa flagelar sua alma com temores condenatórios acerca dos seus erros cometidos nos tempos em que não conhecia a Palavra de Deus. O próprio apóstolo Paulo, ao considerar sua vida pretérita, timbrada por pecados horrendos, a ponto de se considerar o principal dos pecadores (1Timóteo 1:15), disse: "... uma coisa faço: esquecendo-me das coisas que para trás ficam..." (Filipenses 3:13).

2. AGORA, PORÉM, O ARREPENDIMENTO É UMA EXIGÊNCIA IMPERATIVA E INAPELÁVEL

Paulo diz que o Deus desconhecido é ético, é moral. Ele não pode conviver com o mal (Habacuque 1:13). Ele não tolera o pecado (Romanos 1:18). Ele é luz (1João 1:5). Ele é santo (Isaías 6:3). Para ter comunhão com Ele é preciso ser santo (Mateus 5:48), é preciso romper com o pecado (Provérbios 28:13).

Não há salvação sem arrependimento. Não há alegria do perdão sem haver primeiro tristeza pelo pecado. Não há salvação para aqueles que não têm consciência de que estão perdidos.

O arrependimento envolve todo o nosso ser. Envolve três elementos:

a. **Razão**. A palavra grega para arrependimento, *metanoia*, significa mudança de mente.

b. **Emoção**. Arrependimento é sentir tristeza pelo pecado (2Coríntios 7:10).

c. **Vontade**. Arrependimento significa dar meia-volta e tomar novo rumo. A prova do arrependimento é você não viver mais a vida que estava levando: se você era desonesto em seus negócios, agora não o é mais. Se você mentia, agora não mente mais. Se você era infiel ao seu cônjuge, agora não o é mais. Se você era rebelde com seus pais, agora não o é mais. Se você buscava ambientes mundanos, bailes, clubes de carnaval, bancas de jogo, agora já não o faz mais. Se você fumava e bebia e se entregava aos desejos e às concupiscências da carne, agora já não o faz mais.

É preciso dizer, igualmente, que arrependimento não é remorso. O remorso produz morte, o arrependimento, vida (2Coríntios 7:10). O arrependimento leva o homem a fugir não apenas das consequências do pecado, mas sobretudo fugir do pecado. O pecado é o pior de todos os males. Por isso, precisa ser evitado, repudiado e odiado com veemência. Todos os outros males são temporais e acabam-se com a morte. O pecado não termina com a morte, pois suas consequências terríveis vão ser sofridas por toda a eternidade. O pecado, portanto, atenta contra o nosso maior bem no tempo e na eternidade. O pecado é pior do que a pobreza, do que a doença e do que qualquer tragédia que possa nos advir. O pecado é pior do que a morte, porque todos esses males não podem nos afastar do amor de Deus, mas o pecado nos separa de Deus (Isaías 59:2). O pecado atrai a ira de Deus (Romanos 1:18). No pecado não há bem algum. Por isso a Bíblia nos ordena a resistir ao pecado até o sangue (Hebreus 12:4). É melhor morrer do que pecar. Jesus disse: "Se o teu olho direito te faz tropeçar, arranca-o e lança-o de ti; pois te convém que se perca um dos teus membros, e não seja todo o teu corpo lançado no inferno. E se a tua mão direita te faz tropeçar, corta-a e lança-a de ti; pois te convém que se perca um dos teus membros, e não vá todo o teu corpo para o inferno" (Mateus 5:29,30). Jesus sentencia ainda: "Qualquer que fizer tropeçar a um destes pequeninos que creem em mim, melhor lhe fora que se lhe pendurasse ao pescoço uma grande pedra de moinho, e fosse afogado na profundeza do mar" (Mateus 18:6).

É por isso que há um brado divino em toda a Bíblia ao pecador: "Arrependei-vos!" Os portais celestiais só se abrirão para os arrependidos.

Hoje estamos ouvindo uma pregação facilitada, açucarada, sem confronto, sem exigências, sem um chamado forte ao arrependimento. Muitos pregadores estão dizendo que basta ao pecador algumas mudanças, um leve retoque religioso, algumas adaptações catequéticas, um pouco de verniz e cosmético espiritual. Hoje muitos diriam ao pródigo que ele poderia continuar na pocilga mesmo. Entretanto, esta não foi a mensagem dos profetas, de João Batista, de Jesus Cristo, dos apóstolos e da Igreja fiel à sua vocação. O evangelho não é apenas uma reforma das estruturas velhas. O evangelho é transformação. O evangelho não é continuísmo melhorado, é mudança radical (2Coríntios 5:17).

3. O ARREPENDIMENTO É PARA TODOS OS HOMENS

O pecado não é apenas ignorância, não é atraso, não é doença, não é apenas um ato. É um estado que engloba a todos. O homem não é pecador porque peca, ele peca porque é pecador. "Todos pecaram e destituídos estão da glória de Deus" (Romanos 3:23). Ninguém está isento da necessidade de arrependimento. Todos são culpados. Todos estão perdidos. Todos estão debaixo da ira. Todos são filhos da desobediência. Todos se desviaram. Aos olhos de Deus não existe um povo melhor do que o outro. Não existem gregos e bárbaros como pensavam os atenienses. Paulo anunciou o monogenismo do gênero humano. Todos procedem do mesmo tronco caído (Atos 17:26; Romanos 5:12). Na verdade, todos os homens estão aquém das exigências da lei. Todos são devedores à justiça divina. Por isso, todos devem se arrepender.

4. O ARREPENDIMENTO É PARA SER EXERCIDO EM TODAS AS NAÇÕES

Não são apenas os bárbaros que devem se arrepender, os gregos também devem fazê-lo. Não são apenas os gentios, mas também os israelitas. Não há ninguém de sangue azul. Todos precisam ser lavados com o sangue do Cordeiro. O pecado não é simplesmente uma questão cultural, racial, estrutural, ideológica que possa ser sanada pelas discussões antropológicas e sociológicas. O pecado atingiu a essência

O DEUS DESCONHECIDO

da natureza humana. O homem é concebido em pecado, independentemente da sua raça, cor, religião, cultura, ideologia ou posição social. Por isso, o Deus de toda a Terra exige que todos, em toda parte, se arrependam.

Capítulo oito

O DEUS DESCO-NHECIDO É O DEUS DO JUÍZO

POR QUE VOCÊ deve se arrepender? Por que isso deve ser feito agora? É porque Deus marcou um dia em que vai julgar o mundo. Você também estará lá. O juízo está à sua frente. Você não poderá escapar. Você estará naquele dia de pé diante de Deus. Aquele será o grande dia da ira do Cordeiro. Para muitos, aquele será um dia de trevas e não de luz (Amós 5:18). Naquele dia Deus vai julgar os segredos do seu coração (Romanos 2:16; 1Coríntios 4:5). Naquele dia o que você fez em oculto vai ser proclamado dos eirados (Lucas 12:2,3). Naquele dia do juízo você vai dar conta de todas as palavras frívolas que proferiu (Mateus 12:36). Naquele dia você estará diante do tribunal de Cristo e será julgado segundo as suas obras (2Coríntios 5:10; Apocalipse 20:11,12). Naquele dia vão acabar todas as suas desculpas. Você estará mudo (Mateus 22:12) e será indesculpável diante do reto e justo juiz (Romanos 1:20). Você será julgado pelos seus pensamentos e desejos mais íntimos e secretos (Mateus 5:28; 1João 3:15). Você será julgado pelo bem que deixou de fazer (Mateus 25:41-46).

Naquele dia não haverá como escapar das mãos desse Deus irado. O cálice do furor de Deus transbordará. Naquele dia do juízo muitos buscarão a morte e não a encontrarão (Apocalipse 9:6). Será o grande dia da prestação de contas. Você será pesado na balança de Deus (Daniel 5:27). Todos

O DEUS DESCONHECIDO

aqueles que escaparam ilesos e incólumes da justiça dos homens e subornaram testemunhas e tribunais, forjando provas e condenando inocentes, terão suas máscaras arrancadas e ficarão expostos diante da onisciência de Deus. Naquele dia não haverá tempo para mudança. O dia do arrependimento é hoje. Aquele será o dia do juízo. Agora é o tempo oportuno da salvação. Em breve surgirá o dia da sentença final, inafiançável, irrevogável e inapelável.

Eis ali o grande trono branco (Apocalipse 20:11), sinal da absoluta justiça que vai ser administrada. O juiz está assentado. Vai entrar o drama final do tempo. Nada mais importa agora. De repente, em meio ao espantoso e sepulcral silêncio, os mortos aparecem. Será o maior ajuntamento da história. Você também estará lá. Todos os homens de épocas milenares ali estarão. Pecadores grandes e pequenos, de todas as tribos e raças, pecadores os mais horrendos, assassinos, feiticeiros, idólatras, mentirosos, adúlteros, beberrões, incrédulos, ateus, agnósticos, espiritualistas, juntamente com todos aqueles que negligenciaram a graça de Deus e não receberam Cristo como Salvador e Senhor. Sim, todos ali estarão.

As nações serão julgadas diante dele (Mateus 25:31-33). Todos os homens de todas as raças estarão perante a sua face. Ricos e pobres, doutores e ignorantes, nobres e plebeus, governantes e governados. Eles vêm dos grandes campos de batalha do mundo, onde os seus corpos tombaram em combate há centenas de anos; das profundezas abissais dos oceanos, onde navios naufragaram há séculos; de inumeráveis cemitérios já inteiramente esquecidos com a passagem dos milênios.

O DEUS DESCONHECIDO É O DEUS DO JUÍZO

Não importa como, quando ou onde alguém morreu. Todos comparecerão diante do grande trono branco. Todos serão intimados. Os sepulcros arrebentar-se-ão e devolverão todos os corpos (João 5:28,29) e num cortejo universal todos comparecerão diante do tribunal de Deus.

Este dia será tão tremendo que a Terra e o céu fugirão da presença de Deus (Apocalipse 20:11) e se desvanecerão como fumo (Isaías 51:6).

Então os livros serão abertos (Apocalipse 20:12). Ali estarão registrados todos os atos da sua vida. Cada pecado está registrado. Cada transgressão. Cada oportunidade negligenciada. Ações desde há muito esquecidas, pecados cuidadosamente escondidos, sim, tudo será desvendado e o universo escutará aquelas terríveis revelações. Horrorizados, os homens permanecerão de pé; paralisados pelo terror, eles esperam; emudecidos, eles ouvem. Aqueles que viveram empoleirados no poder, no topo da fama, acima da lei, torcendo o direito e esmagando o pobre, e espoliando o necessitado terão que enfrentar o trono justo do Deus todo-poderoso. Aqueles que taparam os ouvidos aos solenes avisos do evangelho, ouvirão a sentença de condenação do supremo juiz. Aqueles que viveram gananciosa e nababescamente, no fausto e no luxo e fecharam os olhos às necessidades dos oprimidos, verão que suas riquezas os devorarão como fogo. Aqueles que atrás das máscaras do farisaísmo viveram de aparências, naquele grande dia do juízo cobrirão o rosto de vergonha. Ninguém escapará do escrutínio daquele supremo tribunal. Não haverá instância superior. Ninguém poderá recorrer da sentença.

Finalmente, o livro da vida também é aberto. "E, se alguém não foi achado inscrito no Livro da Vida, esse foi lançado para dentro do lago de fogo" (Apocalipse 20:15). A sentença será eterna. Você jamais desaparecerá da existência. Milênios após milênios passarão, mas você continuará sempre vivo. Milhões de anos se escoarão, os séculos virão e desaparecerão, mas você jamais deixará de existir, pois o tempo interminável, a eternidade vastíssima e insondável se estenderá à sua frente.

O julgamento é certo. Mais alguns dias e você estará diante do trono de Deus. No final desta vida está o trono de Deus. Depois da morte vem o juízo (Hebreus 9:27).

O julgamento de Deus será final. Não existem instâncias superiores para recorrer. A sentença de Deus é inapelável. O seu caráter é eterno. Não haverá segunda oportunidade. "Quem nele crê não é julgado; o que não crê já está julgado, porquanto não crê no nome do unigênito Filho de Deus" (João 3:18).

Mas talvez você possa pensar que o Deus de amor não pode mandar você para o inferno, e por isso continua desatento na prática do pecado sem pensar no juízo. Se estes pensamentos assaltam sua mente, você está em grande perigo. A Bíblia toda é um brado de alerta contra este laço. O inferno está no final de toda vida sem Cristo. Esta foi a mensagem dos profetas, dos apóstolos e principalmente de Jesus (Mateus 10:28).

Mas há outro perigo grave: o de pensar que esse negócio de juízo é uma quimera, uma balela, uma irrealidade. Esta não é uma dúvida nova. O povo no tempo de Malaquias já perguntava: "Onde está o Deus do juízo?" (Malaquias 2:17). Os homens do tempo de Noé zombaram dele também, até que o dilúvio veio e destruiu a todos.

O DEUS DESCONHECIDO É O DEUS DO JUÍZO

Os homens de Sodoma escarneceram de Ló quando ele anunciava a destruição da cidade e, por isso, todos foram esmagados pelo juízo divino. Assim também, digo a você: o juízo de Deus virá. Você está preparado para encontrar-se com Deus? Naquele dia, se você não estiver debaixo do sangue do Cordeiro, a foice do juízo descerá inexoravelmente sobre você.

Naquele dia, se você não estiver dentro do abrigo da arca de Deus, Jesus Cristo, o dilúvio da ira divina cairá sobre a sua cabeça. Corra agora para Jesus. Livre agora a sua alma da morte eterna. Só Jesus pode livrar você da ira vindoura. Tendo-o como seu advogado, ninguém poderá acusá-lo e nenhuma condenação o alcançará (Romanos 8:1,33,34), você será salvo totalmente (Hebreus 7:25).

Capítulo nove

REAÇÕES À MENSAGEM DE PAULO EM ATENAS

ESSE SERMÃO DE PAULO em Atenas foi um dos discursos mais extraordinários de toda a oratória mundial. Na verdade, ele deitou o machado da Palavra de Deus na raiz de todos os postulados dos atenienses:

a. Declaravam terem-se originado do solo, mas Paulo diz em Atos 17:24 que "Deus fez o mundo e tudo o que nele existe".
b. Apontavam para a acrópole, o Pártenon, e sua beleza arquitetônica, e ficavam orgulhosos desses monumentos tão colossais erguidos para a habitação dos deuses, mas Paulo diz em Atos 17:24 que "... Deus não habita em santuários feitos por mãos humanas".
c. Julgavam-se superiores aos bárbaros, mas Paulo os refuta em Atos 17:26, dizendo que Deus "de um só fez toda a raça humana...".
d. Orgulhavam-se de sua cronologia, mas Paulo lhes esclarece em Atos 17:26 que não foi Heródoto quem fixou os tempos e as épocas, mas Deus.
e. Gloriavam-se da elogiada Idade de Ouro, a Idade de Péricles, mas Paulo diz-lhes em Atos 17:30 que este tempo não passou de uma época de ignorância espiritual.

Ao terminar esta célebre mensagem, as reações se diversificaram em Atenas:

O DEUS DESCONHECIDO

1. UNS ESCARNECERAM

Alguns atenienses, ao ouvirem falar da ressurreição, riram de Paulo[1] e começaram a debochar. Chamaram Paulo de "tagarela"[2] (Atos 17:18), ou seja, um desocupado sem valor, um pobre coitado que só possuía fragmentos de conhecimento; outros acharam o discurso de Paulo cheio de coisas estranhas (Atos 17:20); outros, ainda, pensavam que ele estava falando tão somente de mais um deus (Jesus) e de mais uma deusa (ressurreição — *anástasis*) (Atos 17:18).

Você, que está terminando de ler este livro, está tendo, provavelmente, a mesma reação, achando tudo muito estranho e, por isso, aí, no recôndito do seu coração, você também poderá estar escarnecendo, dizendo que esta mensagem não passa de uma quimera, de um sonho alucinado. Talvez você esteja pensando que esta mensagem agride a sua sensibilidade, as suas convicções e atenta contra a sua lógica, ferindo a sua honra e atingindo com muita violência o seu orgulho. Sim, este também era o problema dos gregos. Para eles, a cruz de Cristo era loucura (1Coríntios 1:23). Muitos hoje também acham que o

---

[1]A doutrina da ressurreição era fortemente rejeitada pelos gregos. Plínio a considerava como uma fantasia infantil. Cecílio a chamava de fábula. Celso, conforme declarou Orígenes, dizia que era uma doutrina detestável, abominável e impossível — CHAMPLIN, Russell Norman. *O Novo Testamento interpretado versículo por versículo*, p. 381.
[2]A palavra "tagarela" refere-se a um pássaro que recolhe restos de comida dos esgotos, e daí essa palavra ser usada para descrever uma pessoa desocupada e sem valor ou alguém que possuía apenas fragmentos de conhecimento. MARSHALL, I. Howard, *Atos*, p. 267. Segundo STAGG, Frank. *O livro de Atos*, p. 267.

evangelho é uma mensagem muito estreita, muito reducionista, muito exclusivista e por isso rejeitam-na com veemência. Preferem ficar agarrados às suas crenças, às suas filosofias e à sua cosmovisão; outros, entretanto, escarnecem do evangelho porque acham-no muito austero, muito duro, muito inflexível e absoluto. Abominam tudo que lhes faça qualquer exigência de mudança.

Não poucos escarnecem da oferta de Cristo, porque querem atingir o céu pela torre de suas obras e méritos. Querem construir pontes para Deus por meio do autoaperfeiçoamento e de sucessivas reencarnações. Querem abrir novos caminhos para a bem-aventurança eterna, o que não é possível. Por não estarem dispostos a rever seus valores, suas convicções e sua teologia, preferem rechaçar a mensagem e rejeitar o mensageiro. Muitos escondem atrás da rejeição austera a fraqueza de suas crenças e a inconsistência de suas convicções. Têm medo de mudar, por isso fecham os olhos a toda mensagem de transformação. Os atenienses se achavam muito cheios de conhecimento para reconhecer que estavam errados. Achavam que eram os donos da verdade, por isso escarneceram de Paulo e da sua pregação. O preconceito, mesmo que "travestido" de orgulho intelectual, é um tosco obscurantismo.

2. OUTROS ADIARAM

Este grupo é aquele que conhece a verdade, mas não está disposto a assumir esta verdade. Estes são aqueles que não têm força nem coragem para romper com as pressões da família, da religião e do *status quo*. Estes são aqueles

O DEUS DESCONHECIDO

que se acovardam e trocam Cristo pela acomodação, pois não estão prontos a renunciar ao pecado nem abdicar dos prazeres efêmeros do mundo. Estes são os que possuem a verdade, mas não estão possuídos por ela. São os que não abrem mão da vida que levam, não querem compromisso, não querem sacrifício, não querem seguir pelo caminho estreito, não estão prontos a negar a si mesmos, nem a abraçar a cruz de Cristo.

A resposta de alguns atenienses foi uma resposta de fuga: "A respeito disso te ouviremos mais tarde" (Atos 17:32).

Amanhã a oportunidade pode ter passado e o coração pode estar endurecido. Esta é uma resposta perigosa, pois o dia de receber Cristo é hoje e não amanhã. Amanhã pode ser muito tarde. Amanhã as portas da graça podem estar fechadas. Amanhã pode ser o dia do seu julgamento, e não o dia da segunda oportunidade.

Não há maior perigo para a sua alma do que adiar o assunto mais urgente da sua vida, a sua salvação. Todas as decisões que você toma na vida limitam-se ao espaço que vai do berço à sepultura. A decisão de crer em Cristo é a mais urgente e a mais importante de toda a sua vida. Adiá-la é loucura consumada. É adiar o inadiável. É brincar com o destino da sua alma. É zombar da paciência de Deus. É desprezar a graça de Deus. É fazer pouco caso da oportunidade que Deus está lhe dando.

Nesta questão da salvação, não há ninguém neutro. Ou você está salvo ou está perdido. Ou está indo para o céu ou para o inferno. Quem não é por Cristo, é contra Cristo. Quem com Ele não ajunta, espalha. Você é livre para tomar a decisão. Aliás, você é escravo da sua liberdade. Você não pode deixar de decidir. Você é como um homem dentro de um bote que está correndo rio abaixo à beira de um grande abismo.[3]

Você tem de tomar uma decisão. Você pode saltar do bote, remar para chegar à margem ou pode fazer de conta que não há um perigo iminente. Só uma coisa você não pode fazer, deixar de tomar uma decisão. Mas, talvez você diga: em relação a Cristo eu estou indeciso. Contudo, a indecisão também é uma decisão: é a decisão de não decidir. E quem não se decide por Cristo, decide-se contra Cristo. Ainda, para ir ao inferno, você não precisa fazer nada, basta ficar como está, com todos os seus predicados morais, com toda a sua religiosidade e com todas as suas obras meritórias. Mas, para você entrar no céu, precisa nascer de novo. Se alguém não nascer de novo não pode ver o Reino de Deus, se alguém não nascer da água e do Espírito não pode entrar no Reino de Deus. Adiar essa decisão, portanto, é a mais consumada de todas as loucuras. E isto, por várias razões:

Primeiro, porque não podemos administrar o nosso amanhã. Quem pode saber se estará vivo daqui a uma hora? Em 1912, a Inglaterra estava orgulhosa de colocar nas águas do Atlântico o Titanic, o maior navio do mundo. O engenheiro responsável pela fabricação do navio disse que nem Deus poderia afundá-lo. Mais de mil pessoas saíram da Inglaterra para os Estados Unidos para a viagem dos seus sonhos a bordo da luxuosa e segura embarcação. O requinte, o luxo e a sua segurança e a pompa exuberante dos passageiros prometiam uma aventura maravilhosa.

---

[3] FORELL, George W. *Ética da decisão*, p. 23-25.

O DEUS DESCONHECIDO

Mas, o navio inexpugnável foi rasgado por um iceberg e centenas de pessoas morreram inapelavelmente, afogadas nas águas geladas do oceano. A embarcação saiu da Inglaterra, mas não chegou aos Estados Unidos. O seu destino foi o fundo do mar. Centenas de pessoas fizeram a última viagem da vida rumo à eternidade. Será que todas estavam prontas para se encontrarem com Deus?

Era o dia 31 de outubro de 1996, às oito horas e trinta minutos no Aeroporto de Congonhas, em São Paulo. Os alto-falantes anunciavam a hora do embarque do voo 402 da TAM, ponte área para o Rio de Janeiro, num Fokker 100. O aeroporto estava agitado como nos outros dias. Tudo estava normal. Homens de negócios, escritores, artistas, estudantes, empresários, médicos, engenheiros, advogados, donas de casa, comerciantes, conferencistas com a agenda cheia se apresentavam para o embarque. Na vizinhança, o dia começava como qualquer outro. São quatrocentos voos que chegam e saem todos os dias. O ronco das turbinas já é um som natural daqueles arredores apinhados de arranha-céus. Os vizinhos do aeroporto acordaram cedo, tomaram o café, levaram as crianças à escola, alguns foram para o trabalho mais cedo. Outros ficaram em casa, acordaram mais tarde, ligaram a televisão, conversaram, brigaram, planejaram e sonharam.

Esse dia 31 de outubro de 1996 parecia ser um dia como os outros. Depois que muitos já haviam desligado seus telefones celulares, marcando encontros, almoços e reuniões, ouviram a última chamada: "Atenção, senhores passageiros do voo 402 da TAM com destino ao Rio de Janeiro, última chamada! Dirijam-se ao portão de embarque imediatamente. Última chamada. Embarque imediato oito horas e trinta minutos, a porta do avião fecha. A comissária de bordo dá as boas-vindas aos passageiros. O comandante avisa que o tempo está bom e que espera ter uma viagem maravilhosa. A comissária de bordo fala sobre as normas internacionais de segurança enquanto quase todos estão lendo as últimas notícias na *Folha* ou no *Estado de São Paulo*.

A aeronave começa a se mover rumo à cabeça da pista. O comandante então dá sua última instrução: "Tripulação, preparar para a partida O avião dispara, começa a voar... uma pane, uma falha... o avião não se apruma no ar. Não tem tempo para fazer mais nada. O comandante ainda tenta encorajar os passageiros dizendo que eles vão conseguir decolar, mas o desespero toma conta de todos. Naquela hora, os diplomas, a riqueza, o sucesso fama perderam o seu valor. Todos estavam em terrível apuro. O avião fica desgovernado, cai sobre as casas e explode. Uma catástrofe. Um acidente horrível: chamas, fogo, desabamento, corpos soterrados, queimados, carbonizados. Cento e duas pessoas morreram inapelavelmente. Aquele era o voo da morte. Aquele era um voo para a eternidade. Oito horas e trinta e quatro minutos, aqueles que estavam a bordo, tinham acabado de voar para a presença de Deus, na eternidade, e estavam, agora, diante do Deus todo-poderoso. Será que todos estavam preparados para se encontrarem com Deus?

A um cavalheiro que agonizava num hospital foi feita a pergunta: "Para onde vai o senhor? E a resposta foi imediata: eu estou no trem que me conduzirá à eternidade.[4]

---

[4]TOGNINI, Enéas. *Hora da oportunidade*, p. 47.

Jesus falou de um homem que se preparou para viver, mas não se preparou para morrer. Ajuntou bens. Acumulou fortunas e disse: "Agora, ó minha alma, tens em depósito muitos bens para muitos anos; descansa, come, bebe e regala-te. Mas Deus lhe disse: Louco, esta noite te pedirão a tua alma; e o que tens preparado, para quem será?" (Lucas 12:19,20).

Outro homem vivia em banquetes, festas e rodas sociais. Andava com roupas de linho e púrpura. Viveu assim longos anos, mas esqueceu-se de sua alma, da viagem derradeira que faria, afinal, rumo à eternidade. E no inferno foi parar. Em sua vida neste mundo tinha lugar para tudo, menos para Deus e sem Deus empreendeu a viagem para o sofrimento eterno. Desejou pelo menos ter o alívio de uma gota de água no inferno, mas o seu destino estava selado inexoravelmente.

Um famoso rei da Antiguidade tinha na sua corte um palhaço que era chamado de "bobo" — daí a expressão "o bobo da corte" —, um homem cheio de humor, que alegrava a todos os familiares do rei. Este, um dia, disse para o palhaço: aqui está uma varinha. No dia em que você encontrar alguém mais bobo do que você, entregue-lhe esta varinha. Os anos se passaram e o rei ficou doente, à beira da morte. O bobo foi visitá-lo e perguntou-lhe:

— O senhor já está preparado para a eternidade?

— Não — respondeu o rei.

Então, o palhaço lhe devolveu a varinha e disse:

— O senhor é o mais tolo de todos os homens que já vi, pois preparou-se para viver, mas não preparou-se para morrer.[5]

---

[5]TOGNINI, Enéas. *Hora da oportunidade*, p. 53.

Se Deus chamar você hoje, você estará preparado para encontrar-se com ele? Ou ainda continuará adiando a sua decisão como os atenienses?

Segundo, *não sabemos a que horas a trombeta de Deus soará nos convocando para um acerto de contas.* O juízo pode estar às portas. Mais algumas batidas do seu coração, mais algumas voltas do ponteiro e você poderá estar face a face com o juiz de toda a Terra. Naquele dia não haverá como se preparar. O tempo de Deus é agora. O dia de se voltar para Deus é hoje. Agora Jesus é o seu advogado, amanhã será o seu juiz. Hoje é dia da graça, amanhã será o dia do juízo.

Terceiro, *amanhã o seu coração pode estar endurecido.* O homem por si mesmo não pode voltar-se para Deus. Naturalmente todo homem está cego, surdo, endurecido e morto nos seus delitos e pecados. É o Espírito de Deus quem convence o homem do pecado, da justiça e do juízo. Mas muitos endurecem o coração ao ouvirem a voz de Deus. Muitos resistem ao Espírito da graça, calcando aos pés a bondade e a generosidade de Deus. Muitos menosprezam o favor de Deus e trocam as ofertas da graça por um prato de lentilhas, como Esaú, e depois, não conseguem mais se arrepender.

Quarto, *amanhã as boas-novas da salvação podem estar fora do seu alcance.* A Bíblia exorta com profundidade: "Buscai o Senhor enquanto se pode achar, invocai-o enquanto está perto" (Isaías 55:6). Há aqueles que desprezam o dom da vida eterna e no último momento não têm tempo de se preparar. Muitos são ceifados no ato do seu pecado inapelavelmente, sem tempo oportuno para se arrependerem. Marcham para a eternidade sem o passaporte para o céu.

O DEUS DESCONHECIDO

Finalmente, *muitos despertam na eternidade, tarde demais.* O rico que viveu no fausto, no luxo, deixando o pobre Lázaro à sua porta disputando as migalhas que caíam da sua mesa, morreu e foi sepultado. Durante toda a vida foi insensível às necessidades da sua alma. Mas, ele despertou no inferno. Estava em tormento nas chamas inextinguíveis do fogo eterno. Buscou alívio para o seu suplício, uma gota de água para a sua sede implacável e ajuda para os seus irmãos. Mas o seu destino estava selado. Sua sentença era final, irremediável e irreversível. Despertou tarde demais.

Em agosto de 1989, eu estava pregando em uma cruzada evangelística no interior do Estado do Espírito Santo. Meu hospedeiro convidou seus amigos e parentes para participarem da abertura daquelas conferências evangelísticas na sexta-feira. Dentre os seus convidados, havia seu sobrinho com quem insistiu que não faltasse. Entretanto, em vez de ir para o culto, esse homem foi para o baile na sexta-feira à noite e lá passou dançando e bebendo quase a noite toda. De madrugada voltou para casa, sob o efeito da maldita cachaça. No sábado bem cedo, sua esposa, mulher batalhadora e fiel, saiu para fazer a feira da semana. Ao chegar em casa, o marido, ainda sob o efeito da ressaca, começou a agredi-la verbalmente na frente dos filhos. Se isso não bastasse, abruptamente sacou de uma arma e atirou em sua mulher. O tiro alvejou o coração e aquela pobre mulher caiu morta aos seus pés, diante dos olhares horrorizados de seus dois filhos pequenos.

Confesso que este foi um dos quadros mais patéticos e tristes que já contemplei. Naquela casa havia dor e revolta. Ao lado do caixão estava a mãe daquela vítima, inconsolável.

Ali bem perto estava a sogra, mãe do assassino, encolhida num canto, humilhada, também se desfazendo em choro. Os filhos, desesperados, gritavam pelo nome da mãe.

Enquanto ali estava, naquele cenário de tristeza e angústia, pensei que toda aquela tragédia teria sido evitada se aquele homem, em vez de ir para o baile beber, tivesse ido para o culto ouvir a Palavra de Deus. Uma tempestade destruidora desabou sobre a sua cabeça e sobre a sua família, porque ele adiou uma oportunidade de Deus em sua vida. Assim será também com todos aqueles que deixarem para depois o convite de Deus, brincando com o destino de suas almas. Não espere que uma tragédia caia primeiro sobre a sua vida para você acordar. Busque o Senhor enquanto é tempo. Invoque-o enquanto Ele está perto (Isaías 55:6). Amanhã pode ser tarde demais.

3. ALGUNS CRERAM

Dionísio[6] e alguns atenienses creram. Houve salvação na cidade da filosofia. Paulo fincou uma bandeira do cristianismo no topo do areópago.

Louvado seja o Senhor porque o evangelho é o poder de Deus para a salvação de todo o que crê (Romanos 1:16). A palavra que sai da boca de Deus não volta para Ele vazia (Isaías 55:11).

---

[6]A tradição posterior fala de Dionísio como o primeiro bispo de Atenas. Ver MARSHALL, I. Howard. *Atos*, p. 274. Nicéforo e o filósofo ateniense Aristides apresentam Dionísio como mártir do cristianismo. Ver CHAMPLIN, Russell Norman, *O Novo Testamento interpretado versículo por versículo*, p. 382.

O DEUS DESCONHECIDO

Minha oração é para que, assim como em Atenas alguns creram, você também possa crer e receber de Cristo a vida eterna (João 6:47). Esta vida maiúscula, superlativa, abundante e eterna é o grande presente de Deus para você. Não há glória nenhuma neste mundo e nesta vida que possa ter o brilho e o fulgor desta nova vida que Jesus lhe oferece. Tudo o que você granjear nesta vida, aqui na Terra ficará. Você não poderá levar sua riqueza e seus diplomas para a eternidade. Não há caminhão de mudança em enterro. Não há bolso em mortalha. Tudo o que você acumulou será entesourado para o fogo. Mas ao entregar sua vida a Cristo, você recebe o dom da vida eterna, torna-se filho de Deus, herdeiro de Deus, coerdeiro com Cristo, coparticipante da natureza divina e cidadão dos céus.

Esta é a maior de todas as decisões. Ela define o seu destino eterno. Não há nenhuma possibilidade de você entrar no céu pelos próprios méritos. A salvação não vem pelas obras. A salvação é de graça e nos é dada pela fé (Efésios 2:8,9).

Mas o que é fé? A questão básica não é a fé, mas o objeto da fé. Muitos afirmam que o importante é ter uma religião e ser um seguidor sincero. Outros dizem que toda religião é boa e que todas conduzem a Deus. Mas isto não é verdade. Religião nenhuma pode nos levar a Deus. Só Jesus Cristo pode nos reconciliar com Deus. Só Ele é o caminho para o Pai. Não basta ser sincero. Não basta ter fé. Existe muita gente sincera enganada. "Há caminho que ao homem parece direito, mas ao cabo dá em caminhos de morte" (Provérbios 14:12).

Fé não é apenas um assentimento intelectual. Não adianta saber que Deus existe. Essa fé até os demônios têm

(Tiago 2:19), e eles não vão ser salvos. Assim, também, muitas pessoas sabem que Deus existe, sabem que Jesus é o salvador, mas isto é apenas uma verdade que está em suas mentes e não uma realidade viva e transformadora em seus corações.[7]

A fé salvadora lhe é dada quando você reconhece os seus pecados, quando você toma consciência de sua total incapacidade de ir a Deus pelos seus próprios recursos e métodos, quando você compreende que sua justiça própria é como um trapo de imundícia aos olhos de Deus (Isaías 64:6). Então, carente, humilde, sedento, você olha para Jesus, transfere sua confiança para Ele e confia só nele para a sua salvação.

A fé salvadora implica despojar-se de qualquer confiança em você mesmo, no que você é, no que você tem, no que você faz ou deixa de fazer. A fé salvadora lhe é concedida quando você confia que Jesus foi à cruz por você, que Ele pagou o preço do seu resgate, que Ele morreu pelos seus pecados e satisfez todas as exigências da lei de Deus que você violou.

No momento em que você crê em Jesus, seus pecados são cancelados, você é perdoado, liberto, selado com o Espírito Santo como propriedade exclusiva de Deus. Então, você fica livre de condenação e passa a tomar posse da vida eterna. Esta é a maior dádiva que Deus lhe deseja dar.

Quer você, agora, também crer em Cristo e confiar nele para a sua salvação? Jesus o convida: "Vinde a mim todos

---

[7]KENNEDY, D. James, pastor sênior da Igreja Presbiteriana de Coral Ridge, em Fort Lauderdale, expõe esse assunto com muita propriedade e clareza no seu curso de "evangelismo explosivo", ministrado hoje em mais de cem países.

os que estais cansados e sobrecarregados, e eu vos aliviarei"
(Mateus 11:28). Jesus lhe garante: "... o que vem a mim, de
modo nenhum o lançarei fora" (João 6:37). Jesus lhe promete: "... Quem ouve a minha palavra e crê naquele que me
enviou, tem a vida eterna, não entra em juízo, mas passou
da morte para a vida" (João 5:24).

Oswald J. Smith, no seu livro *Vida eterna*, conta uma façanha de Charles Blondin, o maior equilibrista do mundo.[8]

Era o dia 30 de junho de 1958. A poderosa catarata do
Niágara troveja sobre as rochas com fúria indomável. Uma
corda foi esticada de margem a margem, dos Estados Unidos ao Canadá, numa extensão de quase 400 metros, sobre
a qual Charles Blondin haveria de atravessar. As multidões eletrizadas ajuntam-se para assistir ao grande espetáculo. Blondin subiu sobre a corda e começou a travessia.
Imperturbável e sereno ele atravessou o grande abismo,
sob os aplausos arrebatadores da entusiasmada plateia.
Então, seguro e compenetrado, ele desafiou a multidão.
Propôs, agora, atravessar novamente a corda, levando um
homem às suas costas. O povo, entusiasmado, o aplaudiu,
declarando que ele, de fato, era capaz da tamanha façanha.
Entretanto, ninguém atendeu ao convite do equilibrista,
ninguém ousou ser o corajoso voluntário.

Charles Blondin, então, voltou-se para Henry Colcord,
o seu empresário, e lhe perguntou:

— O senhor crê que eu posso levá-lo?

— Eu creio. De fato, não tenho dúvida a esse respeito.
— respondeu Colcord.

---

[8]SMITH, Oswald. *Vida eterna*, p. 34-36.

— O senhor confia em mim?

— Sim!

A multidão observa com a respiração suspensa. Eles sobem sobre a corda e caminham sobre a tormenta. Em segurança, avançam acima das águas velozes, ferventes e cobertas de neblina. Embaixo, as rochas pontiagudas anunciavam perigo fatal. Estão aproximando-se do lado canadense. Um silêncio profundo cai sobre a multidão excitada. O povo prende a respiração. O pânico toma conta de todos. É que um irresponsável cortou uma das amarras e a corda balança perigosamente.

Blondin diz para Colcord:

— Você não é mais o Colcord: agora você é o Blondin. Seja parte de mim. Se eu balançar, balance comigo. Não procure equilibrar-se.

Colcord subiu aos ombros do outro. A corda balança muito e Blondin começa a correr. Como ele consegue equilibrar-se, ninguém sabe. O último passo é dado, e estão novamente em terra firme, enquanto os espectadores ultrapassam os limites do entusiasmo.

"Servindo de ponte sobre o golfo entre o tempo e a eternidade está a grande corda da salvação. Ela jamais se partiu. E somente Jesus é capaz de atravessá-la. A única maneira de você atravessá-la é confiar em Jesus. É entregar-se a Jesus. É crer em Jesus."

Faça isso agora mesmo e, então, o Deus desconhecido será para você o Deus conhecido, o Deus da sua vida, da sua experiência e da sua salvação.

Que esta boa-nova de salvação invada agora a sua alma e que seu coração se abra de par em par para receber Cristo.

O DEUS DESCONHECIDO

Sua vida será transformada. Seu nome estará no livro da vida. O selo do Espírito Santo estará sobre você. Ninguém mais poderá arrancá-lo dos braços de Jesus. Você tomará posse da vida eterna. E, esteja certo, os anjos de Deus, lá no céu, vão celebrar a sua salvação com intensa alegria!

CONCLUSÃO

APÓS ESTA CAMINHADA pelas páginas deste pequeno livro, você não pode mais dizer que não conhece Deus. Minha expectativa é que cada palavra exarada neste texto tenha sido uma trombeta do céu a soar em seus ouvidos a realidade inegável da existência de Deus e do seu profundo interesse em sua vida. O Deus desconhecido dos atenienses lhe foi apresentado. Agora você conhece a sua natureza, o seu caráter, os seus atributos e os seus propósitos eternos e soberanos.

Você, agora, é responsável diante do Deus vivo e todo-poderoso pela luz que recebeu. Andar de agora em diante pelos atalhos da religiosidade engendrada pelo enganoso coração humano é entrar em campo minado, é cair em profundo atoleiro, é naufragar nas águas profundas do mais rotundo engano. Não basta você ter uma religião. Os atenienses eram muito religiosos. Não basta você levantar um altar e trazer a ele as suas oferendas e orações. Não basta, ainda, você ser sincero na prática da sua religiosidade. Sinceridade fora da verdade não pode salvá-lo. Há muitas pessoas sinceramente equivocadas. "Há caminho que ao

O DEUS DESCONHECIDO

homem parece direito, mas ao cabo dá em caminhos de morte" (Provérbios 14:12). Não poucos serão aqueles que só descobrirão o seu engano no último dia, quando não haverá mais tempo para se arrepender (Mateus 7:21,23).

Meu veemente apelo ao seu coração é que você vença o preconceito, o ativismo religioso, a tradição familiar ou qualquer outro entrave, e coloque toda a sua confiança em Jesus. Hoje, uno a minha voz à voz dos profetas, dos apóstolos, dos mártires e de miríades de cristãos, conclamando você a se voltar para Deus de todo o seu coração.

Você pode ser o instrumento que Deus está levantando para levar a salvação a toda a sua família. Deus está chamando você para a vanguarda de um projeto eterno. Você pode fazer parte das primícias de Deus em sua casa. Você pode se tornar um embaixador de Deus neste mundo turbulento e cheio de crendices. Muitos adoram deuses desconhecidos. Outros, tentam adorar a Deus sem conhecê-lo. Mas, agora, você pode ser filho do Deus vivo, outrora desconhecido, mas, agora, conhecido e amado de sua alma!

BIBLIOGRAFIA

BARCLAY, William. *Hechos de los Apostoles*. Buenos Aires: Editora la Aurora, 1974. Comentário al Nuevo Testamento. Tomo 7.

BONNET, L.; SCHROEDER, A. *Comentario del Nuevo Testamento*. El Paso, Texas: Casa Buatista de Publicaciones, vol. 2. 1982.

BUSWELL JR., Oliver. *Diccionario de Teología*. Michigan: TELL, 1982.

CHAMPLIN, Russell Norman. *O Novo Testamento interpretado versículo por versículo*. São Paulo: Hagnos, 2014. 6 volumes.

FORELL, George W. *Ética da decisão*. Rio Grande do Sul: Sinodal, 1983.

KENNEDY, D. James. *As portas do inferno não prevalecerão*. Rio de Janeiro: CPAD, 1998.

KENNEDY, D. James. *Por que creio?* Rio de Janeiro: Juerp, 1990.

LANGE, John Peter. *Commentary on the Acts of the Apostles*. Grand Rapids: Zondervan, 1955.

LOPES, Hernandes Dias. *A poderosa voz de Deus*. São Paulo: Hagnos, 1999.

MANDINO, Og. *A melhor maneira de viver*. Rio de Janeiro: Record, 1996.

O DEUS DESCONHECIDO

MARSHALL, I. Howard. *Atos: introdução e comentário*. São Paulo: Vida Nova; Mundo Cristão, 1982.

MCDOWELL, Josh. *Evidência que exige um veredito*. São Paulo: Candeia, 2001.

OWEN, John. *Por quem Cristo morreu?* São Paulo: PES, 1986.

PACKER, J. I. *O antigo evangelho*. São José dos Campos: Fiel, 1986.

RIVALICO, Dominico E. *A criação não é um mito*. São Paulo: Paulinas, 1977.

SMITH, Oswald. *Vida eterna*. São Paulo: O. S. Boyer, [sem data].

STAGG, Frank. *O livro de Atos*. Rio de Janeiro: Casa Publicadora Batista, 1958.

TOGNINI, Enéas. *Hora da oportunidade*. Belo Horizonte: Betânia, [sem data].

WALDROGEL, Luiz. *Vencedor em todas as batalhas*. São Paulo: Casa Publicadora Brasileira, 1968.

Sua opinião é importante para nós.
Por gentileza, envie-nos seus comentários pelo e-mail:

editorial@hagnos.com.br

Visite nosso site:

www.hagnos.com.br